PUBLICATIONS POPULAIRES
DE CH. DE BUSSY

GUIDE

ILLUSTRÉ

DU CLERGÉ

ET

DES FAMILLES

DANS PARIS

LHEUREUX & Cie

ÉDITEURS

3, rue de Provence, 3

PARIS

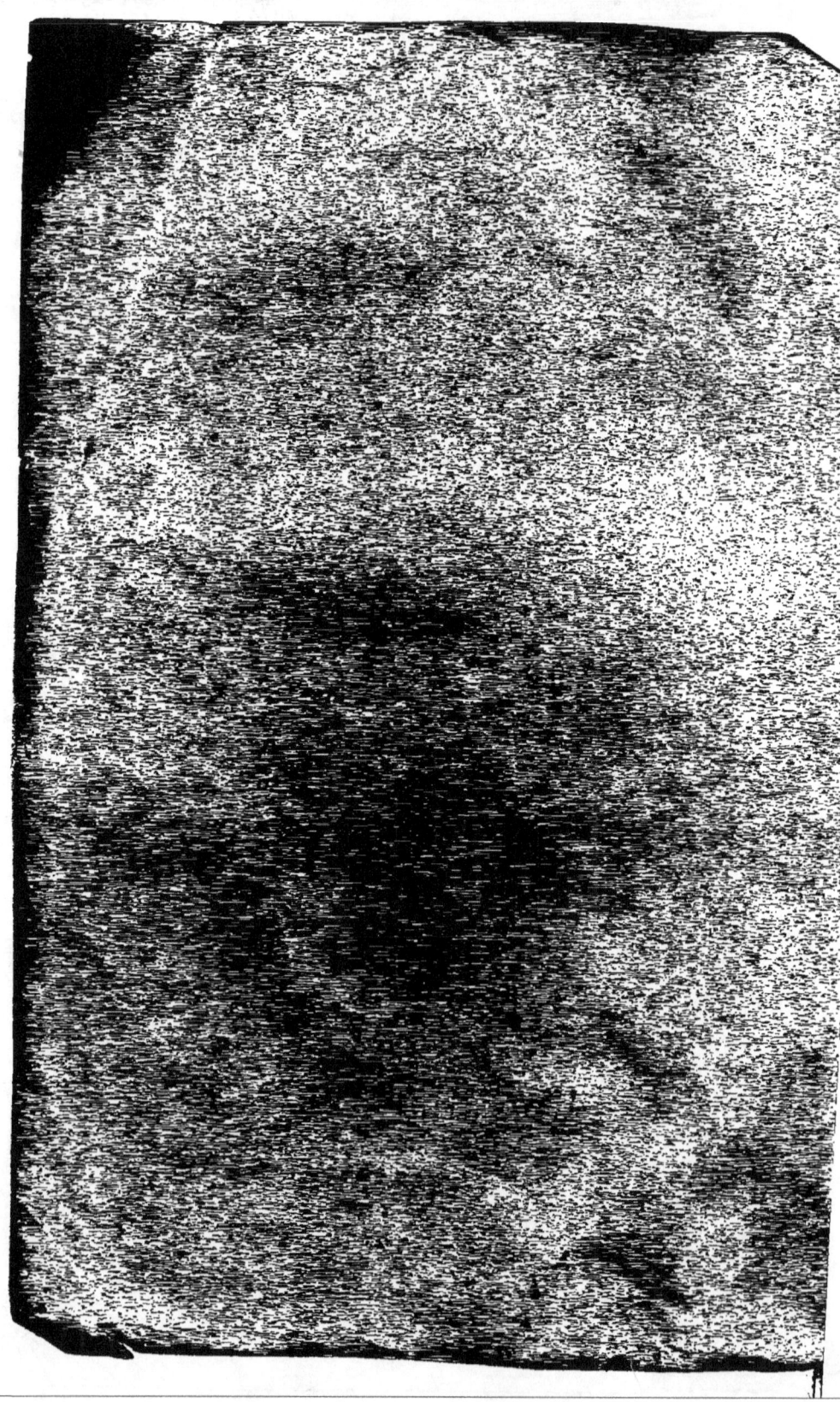

GUIDE ILLUSTRÉ
DU CLERGÉ
& des Familles

DANS PARIS
ET SES ENVIRONS

—

GRAVURES PAR J. BOUTON

TYPOGRAPHIE ALCAN-LÉVY
62, boulevard de Clichy (ancien boulev. Pigalle, 50)

GUIDE

ILLUSTRÉ

DU CLERGÉ

ET

DES FAMILLES

DANS PARIS

ET

SES ENVIRONS

L'HEUREUX & Cie, ÉDITEURS
3, rue de Provence, Paris

1867

PARIS

PRÉFACE

ARIS est très souvent visité par MM. les Ecclésiastiques des départements et de l'étranger, qui sont embarrassés, surtout quand c'est pour la première fois, pour trouver ce qu'ils y viennent chercher.

Nous avons pensé que le présent ouvrage, dont le titre indique bien clairement le but, leur serait d'une utilité pratique en leur épargnant du temps et de l'argent, et en leur donnant la facilité de vivre, sans être trompés, de la façon qui convient à leur état.

Si, en publiant ce Guide, nous avons rendu service à une classe si respectable de la société, nous serons charmés d'avoir réussi, car c'était là l'objet de nos préoccupations en le composant.

Ce que nous disons ici du clergé, s'applique également aux familles qui, en voyage, ont le droit d'être, elles aussi, protégées contre le charlatanisme et les piéges de la mauvaise foi.

L'HEUREUX et Cie.

PARIS

SON ORIGINE

†

La France est la fille aînée de l'Église; Paris est le cerveau du monde.

PARIS (*Lutetia, Parisii*), capitale de la France, sur la Seine, qui la sépare en deux parties et qui y forme deux îles : la *Cité* et l'*Ile Saint-Louis*, autrefois trois îles avec l'*Ile Louviers*, depuis jointe à la rive droite; par 48°50'14" latitude N. et O. long., est à 379 kil. S.-E. de Londres, 1,372 N.-O. de Rome, 1,595 N.-O de Naples, 1,296 N.-E. de Madrid, 1,230 de Vienne, 2,700 S.-O. de Saint-Pétersbourg.

Le méridien de l'Observatoire de Paris sert actuellement de point de départ pour la détermination des longitudes : il est de 20°30' long. E. de l'île de Fer, par laquelle passait jadis le méridien, et à 2°20' long. E. de celui de Brunswich.

Paris est entouré d'un mur d'octroi de 23,753 mètres, et défendu par une enceinte fortifiée de 39 kilomètres, et par 13 forts détachés.

Sa population est de 1,800,000 habitants.

Paris est la résidence du chef de l'État, des Chambres, des ministères, de toutes les grandes administrations centrales, des Cours de cassation, des Comptes, du Conseil d'État, etc. C'est le siège d'un Archevêché, d'une Cour Impériale, d'un Tribunal de première instance, de la première division militaire, d'une Académie universitaire, des Académies française, des sciences, etc.

Paris est divisé en 20 arrondissements ayant chacun un maire ; on y compte 80 places, 30 ponts, 40 quais,

15 halles, 50 marchés, 1,500 rues, 40 passages, 80 barrières, 156 fontaines monumentales, 30 hôpitaux, 50 églises, de nombreux chemins de fer, etc., etc.

Son industrie est florissante, son commerce très actif.

La ligne des fortifications de Paris embrasse les deux rives de la Seine; elle est bastionnée et terrassée, son escarpe est de 10 mètres. Cette ligne comprend les anciens faubourgs extérieurs, c'est-à-dire qu'elle passe à Bercy, Charonne, Belleville, la Chapelle, Montmartre, les Batignolles, Passy, le Point-du-Jour, Vaugirard, le Petit-Montrouge et la Maison-Blanche. Des forts extérieurs protègent cet ouvrage; les principaux sont le mont Valérien au Nord-Ouest; Issy, Vanves, Bicêtre au Sud; Charenton-Nogent à l'Est; Noisy, Romainville, Saint-Denis au Nord.

La Sainte-Vierge-Marie est la patronne du diocèse de Paris; Sainte-Geneviève est la patronne de la ville de Paris.

L'origine de Paris n'est pas positivement connue. Les historiens ne s'accordent pas sur ce point, quoiqu'ils la fassent généralement remonter à la plus haute antiquité. Jules César est le premier auteur connu qui en ait fait mention ; il l'appelle *Lutetia*, nom qu'elle quitta bientôt pour prendre celui de *Parisii*. Sans aller chercher son origine dans les temps fabuleux, comme l'ont fait quelques historiens, nous nous arrêterons aux présomptions es plus raisonnables, quelque chagrin que cette détermination puisse causer aux amoureux des mystères profanes, qui veulent voir dans l'origine inconnue d'un peuple ou d'une ville, les signes d'une grandeur future. Certes, Paris a jeté et jette assez d'éclat dans le monde pour que sa gloire et sa célébrité se passent de ce romanesque, qui ne peut en rien faire ressortir la splendeur de ses annales.

Environ un siècle avant notre ère, vers l'an 643 de Rome, l'un des soixante-quatre peuples qui composaient la république de la Gaule celtique, chassé de la Belgique par une de ces hordes germaines qui, refoulées elles-mêmes par ces bandes nombreuses de peuplades du Nord, commençaient, dès cette époque, à pénétrer dans les Gaules, vint, sous le nom de *Parisii*, sur les bords de la Seine, et occupa la plus grande des cinq îles que formait alors ce fleuve. Cette île, qui ne renfermait alors qu'une petite bourgade, prit plus tard le nom de Cité, qu'elle porte encore aujourd'hui. Les Parisiens devaient être peu nombreux, si l'on en juge par l'exiguïté de leur territoire, qui n'excédait pas dix à douze lieues dans sa plus grande étendue. On entrait dans la Cité par deux ponts de bois construits aux mêmes lieux où sont aujourd'hui le Pont-au-Change et le Petit-Pont.

César, appréciant l'importance de cette place, l'entoura de murailles et fit bâtir deux forts à l'extrémité des deux ponts (53 avant Jésus-Christ).

La même année, dans le but d'obtenir un secours de cavalerie, il avait convoqué, dans un lieu qu'il ne nomme pas, une assemblée générale des nations gauloises. Les

Treviri, les *Carnutes* et les *Senones* n'y ayant point député, il convoqua une nouvelle assemblée à *Lutèce*. L'année suivante, toute la Gaule se révolta contre l'oppression des conquérants, et les Parisiens entrèrent dans la ligue générale. A cette nouvelle, Labienus, lieutenant de César, marcha contre Lutèce. A son approche, les Parisiens brûlent leurs habitations et se retirent sur les hauteurs voisines, où s'engage un combat terrible.

Mais bientôt la tactique des Romains l'emporte sur ce peuple, qui n'a pour lui que le courage du désespoir, exalté par une noble indignation; les Gaulois sont vaincus et leur malheur est augmenté par la mort de leur général. La même année eut lieu le siége d'Alise, et les Parisiens envoyèrent huit mille hommes au secours de cette place. Ici se termine le petit rôle que Paris joua sur la scène historique dans ces temps reculés. Jusqu'à la fin du dixième siècle, ses annales se confondent avec celles de l'empire romain.

Lutèce n'était, avant l'invasion des Romains, qu'une simple bourgade, composée de quelques misérables cabanes. Mais elle changea rapidement d'aspect, du moment où les gouverneurs romains en firent leur résidence.

Malheureusement, des nombreux monuments dont ils l'embellirent, c'est à peine si quelques ruines sont parvenues jusqu'à nous. On voyait naguère, sur le bord de la Seine, la tour du grand Châtelet, que les antiquaires crurent reconnaître pour être le fort qui défendait la tête du grand pont.

Le grand Châtelet, démoli en 1802, a fait place à une vaste place, au milieu de laquelle s'élève une colonne surmontée d'une renommée. Ainsi, les ruines du Palais des Thermes sont les seules antiquités qui nous restent du passage à Paris du peuple conquérant. Grâce aux précautions qui ont été prises il y a quelques années, nos neveux pourront, pendant longtemps encore, contempler ces vieux débris de la domination romaine.

Les peuples gaulois, toujours vaincus dans les tentatives qu'ils faisaient pour ressaisir leur indépendance, voyant leurs efforts impuissants, finirent par se soumettre aux Romains et adoptèrent insensiblement les manières, les usages, les mœurs de leurs maîtres. Cette civilisation de Rome corrompue, transplantée dans les forêts de la Gaule, devint funeste à ses habitants ; car les jouissances qu'elle leur procura ne compensèrent pas les mâles habitudes que son contact leur fit perdre ; habitudes nécessaires alors à un peuple serré de tous côtés par des nations guerrières. Si elle embellit leur esprit et polit leurs mœurs, elle eut aussi pour conséquence inévitable d'amollir leurs cœurs, de détruire l'énergie de leur caractère et d'affaiblir leur courage. Les Gallo-Romains, à demi-barbares, ayant les vices d'une société vieillie, entés sur des instincts que les mœurs nouvelles n'avaient pas eu le temps de changer ou de détruire, ne furent plus qu'un peuple abâtardi, qui devait nécessairement succomber aux attaques d'un peuple guerrier et conquérant. C'est ce qui arriva quand les Francs envahirent les Gaules ; après quelques résistances, ils furent contraints de subir la loi du vainqueur, et leur pays prit le nom de ROYAUME DE FRANCE.

*
* *

Nous ne voulons et nous ne pouvons pas, eu égard au cadre qui nous est imposé, entrer dans de plus longs détails sur Paris.

Il nous faudrait faire toute une histoire qui, nécessairement, nous entraînerait dans d'inutiles redites.

Il nous a paru intéressant et utile, curieux surtout, de dire les commencements de cette ville unique au monde.

En effet, Paris est la ville aux merveilles, la ville immense, la capitale du plus bel empire de l'univers, la ville célèbre, qui jette dans le monde entier de vivifiants rayons en arts, sciences et industries. Paris, la ville magnifique, qui voit chaque jour éclore, sous le souffle puissant d'intelligences d'élite : palais, églises, monuments, artères immenses, squares remplis d'ombre et de fraîcheur, où chacun, depuis le plus humble jusqu'au plus riche, reçoit la vie, l'air, le soleil.

Toutes les gloires du monde n'ont pu éviter de venir à Paris chercher la consécration de leurs talents, de leur génie.

Nous n'en dirons pas davantage sur cette reine des cités, nous nous bornerons seulement à jeter un regard rétrospectif sur ses magnifiques églises et sur ses monuments splendides.

Notre-Dame de Paris

PLACE DU PARVIS NOTRE-DAME. PRÈS L'HOTEL-DIEU

Cette église, fondée par Childebert, prit place à côté d'une autre basilique établie sous le patronage de Saint-

Etienne, vers l'an 365, et partagea longtemps avec elle le titre de cathédrale. En 1161, Maurice de Sully, soixante-douzième évêque de Paris, réunit ces deux églises. Alexandre II, réfugié en France, posa la première pierre du nouvel édifice.

La cathédrale Notre-Dame a 126 mètres 68 centimètres de long, 48 mètres 70 centimètres de large, et 33 mètres 77 centimètres de haut. La hauteur des tours est de 68 mètres.

C'est, après la cathédrale de Reims, le plus beau monument de l'art gothique en France.

L'église Notre-Dame possède la couronne d'épines du divin Sauveur; elle renferme des boiseries, des vitraux, des statues, des bas-reliefs et des tableaux remarquables. Les artistes s'extasient devant les trumeaux et les stalles du chœur, terminés de chaque côté par une chaire archiépiscopale. Le fond de la chaire de droite est décoré d'un bas-relief représentant le *Martyre de Saint-Denis*; celui de la chaire de gauche représente la *Guérison de Childebert par Saint-Germain, évêque de Paris*. Du Goulon, Belleau, Turpin et Le Goupil sont les sculpteurs de ces magnifiques œuvres. La *Pieta*, de Coustou aîné, plus connue sous le nom de *Vœu de Louis XIII*, complète avec des tableaux la décoration du chœur. Ce groupe, exécuté en 1723, ne se compose plus que de quatre figures : la *Mère de Dieu*, le *Christ* et deux *Anges*. Les figures de Louis XIII et de Louis XIV ont été brisées sous la Révolution, toujours et partout la même. Les tableaux, au nombre de huit, sont : l'*Annonciation*, de Hall, le *Magnificat*, du gaucher et grand artiste Jouvenet, la *Naissance de la Vierge*, de Philippe de Champagne, la *Présentation de Jésus-Christ au Temple* et la *Fuite en Egypte*, par L. de Bologne, la *Présentation de Jésus-Christ au Temple*, par Philippe de Champagne, et l'*Assomption*, par Ant. Coypel.

Notre-Dame possède encore d'autres tableaux et d'autres statues; citons le bas-relief du *Jugement dernier*, qui se trouve à côté de la porte septentrionale ; cette pierre, qui servit jadis de pierre sépulcrale au chanoine Pierre Yvers, représente Jésus-Christ entouré d'anges; deux glaives sortent de sa bouche, ses pieds posent sur le globe; il tient de sa main gauche un livre ouvert; à ses pieds est un cadavre rongé de vers, sortant du tombeau, entre les apôtres saint Jean et saint Etienne, qui intercèdent pour lui.

La grille qui ferme le chœur de Notre-Dame date de 1809. Le Varin l'exécuta sur les dessins de MM. Fontaine et Perrier. Hardouin-Mansard fut l'architecte de la décotion actuelle du chœur, qui fut commencée en 1699 et terminée seulement en 1714, par Robert Cotte. Notre-Dame a été récemment restaurée par Viollet-Le-Duc.

Ce magnifique monument, l'un des plus considérables qu'il y ait eu en France, doit son origine au fils de Clovis, Childebert Ier, qui le fit bâtir sur l'emplacement d'une église dédiée à saint Etienne, premier martyr, bâtie elle-même sur les ruines d'un temple de Jupiter, et devenue trop petite pour contenir les nombreux fidèles que Paris comptait déjà à cette époque. On suppose que la nouvelle église fut mise alors sous l'invocation de l'Immaculée Mère de Dieu, et l'on s'appuie, dans cette conjecture, de l'autorité d'un testament de l'an 700, portant donation à l'église de la Très-Sainte-Vierge.

La Sainte-Chapelle

BOULEVARD DU PALAIS

Bâtie par saint Louis, roi de France, à son retour des Croisades, d'après les dessins de l'architecte Pierre de Montclerc; cette église, de style ogival, a été restaurée avec beaucoup de soin. Elle contient de précieuses reli-

ques, de beaux vitraux, de superbes émaux de Léonard de Limoges. Boileau y fut inhumé.

Sainte - Geneviève

PLACE DU PANTHÉON

Bâtie par Soufflot (1757), la Révolution lui donna le donna le nom de *Panthéon*, et la destina à recevoir les restes des fauteurs de l'anarchie.

Napoléon Iᵉʳ la restitua au culte, mais ce ne fut, à cause des travaux, que sous la Restauration qu'on put y établir une terre régulière ; le gouvernement révolutionnaire et voltairien de juillet 1830 l'arracha à sa pieuse destination, qui lui fut rendue par Napoléon III. La longueur de cette église est de 110 mètres, sa largeur de 82 mètres; la hauteur du dôme de 83 mètres 11 centimètres; on y admire un beau groupe, de Maindron, en marbre

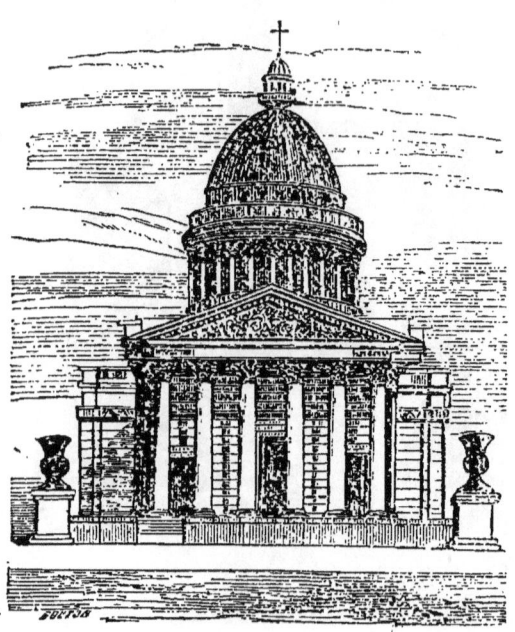

blanc, représentant sainte Geneviève et Attila, l'*Apothéose de sainte Geneviève*, peinture à fresque de Gros.

Dans les caveaux, on trouve les tombeaux de Soufflot, Bougainville, de Lagrange, Lannes, etc. Les corps de Mirabeau et de Marat y furent déposés, et peu après, ils en furent bannis.

Saint-Étienne-du-Mont

A L'EXTRÉMITÉ DE LA RUE DE LA MONTAGNE-STE-GENEVIÈVE

L'emplacement où s'élève cette église était jadis occupé par des vignes. Ce monument religieux remonte, dit-on, à 1221 ; mais alors il fut incendié, et la construction de la basilique actuelle ne fut commencée que sous le règne de François Ier, en 1517. Marguerite de Valois, première femme de Henri IV, posa la première pierre de

la façade, en 1610. On remarque à Saint-Etienne-du-Mont, à l'entrée du chœur, un magnifique jubé.

Les balustrades en pierre, les rampes contournées de cette décoration gothique du seizième siècle sont très remarquables. Nous citerons : les rampes en spirale, les deux escaliers et la colonne, œuvre de Biard père ; la chaire, de Lestocart ; le tombeau de Sainte-Geneviève des vitraux de Jean Cousin. Parmi les tableaux de cette église, l'artiste que nous venons de citer a encore exécuté un *Jugement dernier* qui arrête les regards, de même qu'une *Lapidation de saint Etienne*, d'Ant. Coypel ; une

Peste, de Jouvenel, et un *Saint Charles* distribuant des aumônes, de Varin, le maître du grand Poussin. Au dix-huitième siècle, Pascal, Racine, Eustache Lesueur, Tournefort, Ch. Perrault, Rollin, Lemaistre de Sacy avaient leurs tombeaux à Saint-Etienne. Sous la Révolution, tous *quintidis* et les *décadis*, les élèves des écoles se réunissaient dans cette église pour lire le *bulletin décadaire*. Les Théophilanthropes y tenaient aussi leurs séances ridicules. La samedi 3 janvier 1857, l'église Saint-Etienne-du-Mont fut souillée par un crime odieux. Monseigneur Sibour, archevêque de Paris, y tomba assassiné dans ses habits pontificaux, au milieu d'une cérémonie religieuse. L'auteur de ce crime, nommé Verger, était un prêtre indigne, justement frappé d'interdiction.

Saint-Sulpice

PLACE SAINT-SULPICE

En 1646, le duc Gaston d'Orléans posa la première pierre de cette église, que Servandon acheva presque un demi-siècle plus tard ; nous disons acheva presque, parce que cet architecte a laissé, sans être terminées, les deux tours placées aux extrémités de la façade. L'église Saint-Sulpice a 140 mètres de longueur sur 32 mètres d'élévation et 56 mètres de largeur. Les deux tours ont 70 mètres d'élévation, 3 mètres de plus que les tours Notre-Dame. Le portail a été achevé vers 1745. Henri Sully établit en 1743, à Saint-Sulpice, une méridienne pour fixer l'équinoxe du printemps et le jour de Pâques.

On y remarque la *Vierge et l'Enfant-Jésus*, marbre de Pigalle ; l'*Assomption de la Vierge*, peinte par Lemoine ; les statues en marbre, dues au ciseau de Bouchardon ; la chaire; les deux bénitiers offerts à François Ier, par Venise, etc.

La Maison Hubert Ménage.

ORNEMENTS SACERDOTAUX

Dans les fréquentes visites qu'ont nécessité les travaux du *Guide du Clergé*, nous n'avons pu nous défendre d'un vif sentiment de satisfaction en examinant les produits de la Maison Hubert-Ménage, où nous avons pu admirer une belle collection d'objets spécialement destinés à l'ornementation des églises, résumant en eux un cachet artistique des plus développés et des plus sérieux. La broderie et la confection des ornements sacerdotaux devaient évidemment, des premiers, suivre la marche ascendante et progressive de toutes nos industries où l'art doit être appliqué avec soin. Du reste, en remontant aux premiers âges du christianisme, nous trouvons à chaque pas des traces du goût qui a toujours présidé à l'ornement de la maison de Dieu et à la richesse des vêtements de ses ministres. Inspiré du passé, aidé des précieux conseils du révérend père Arthur Martin, dont la maison possède de nombreux dessins et matériaux, M. Hubert-Ménage s'est appliqué, par d'incessants travaux, à relever les bonnes traditions liturgiques et archéologiques dans leurs plus minutieux détails. Les efforts de M. Hubert-Ménage ont été couronnés par le succès, car sa maison est une des premières aujourd'hui en ce genre.

Notre attention a été surtout attirée par une collection magnifique de *chappes*, de *chasubles*, de *dalmatiques*, *étoles*, *mitres*, *dais* et *bannières*, en un mot, tout ce qui concerne les ornements sacerdotaux brodés et confectionnés avec beaucoup de soin, de distinction et de goût. Là ne s'arrêtent pas les richesses de la Maison Hubert-Ménage, qui a annexé à ses merveilleux travaux un dépôt, unique à Paris, des belles statues de Munich, si remarquables par leur exécution artistique et le sentiment de piété qui les caractérise; ces statues, dues à la conception d'artistes habiles, sont parfaites, et la richesse des décors vient encore en rehausser l'effet, en les mettant en harmonie avec le style des monuments religieux auxquels elles sont destinées.

Ajoutons de beaux *autels* en marbre, en pierre, en bois sculpté, des *tabernacles*, des *confessionnaux*, des *chaires à prêcher*, dorées, polychromées, d'un style sévère et d'un grand grand effet, de belles *orfèvreries*, des bronzes magnifiques, tout enfin a été observé et forme un ensemble dans lequel se trouve tout ce qui concerne l'ornementation des autels.

Enfin, nous ajouterons que M. Hubert-Ménage a aussi pensé aux dames qui, désireuses d'occuper pieusement leur temps de loisirs, trouveront dans sa maison un grand choix d'ornements pour tapisseries religieuses, admirablement dessinés et échantillonnés; des assortiments de soies, de laines pour broderies, ainsi que des dessins pour la broderie d'or et de soie. Somme toute, nous croyons n'être que juste en disant que M. Hubert-Ménage est un artiste, un chercheur, qui a su largement faire progresser l'art auquel il s'est voué.

A. W. SCHULGEN

ÉDITEUR DES ŒUVRES D'OVERBECK, &c.

Commissionnaire en Objets d'Art

25, RUE SAINT - SULPICE, A PARIS

Même Maison à Dusseldorf

MÉDAILLE D'OR et BREFS SPÉCIAUX de N. S. P. le Pape Pie IX.	MÉDAILLES 1re CLASSE aux EXPOSITIONS UNIVERSELLES Paris, 1855 Londres, 1862.

IMAGERIE

ALLEMANDE RELIGIEUSE ET ARTISTIQUE

Belles Gravures au burin, noires et coloriées à l'aquarelle, en dentelles et feuilles simples.

Plus de douze cents sujets in-32, in-18 et in-8°, au prix de 10 à 60 centimes.

Dépôt Central de la Société de Dusseldorf

pour la

Propagation de bonnes Gravures religieuses

PHOTOGRAPHIES-CARTES

Reproductions des chefs-d'œuvre de l'École Allemande sujets religieux et de genre.

1 franc la Carte.— 9 francs la Douzaine.

A. W. SCHULGEN, 25, RUE SAINT-SULPICE. — PARIS

GRANDES ESTAMPES
Sujets Religieux, de genre et d'histoire

ALBUMS ET ŒUVRES ILLUSTRÉES DIVERSES

La Bible Illustrée de Schnorr; — l'Illustration des Évangiles, les Sept Sacrements, les Douze Apôtres, par Overbeck; — le Catéchisme en images; le Chemin de Bethléem, Rosa mystica, le Triomphe du Christ, par Fuhrich; — le Missel de Vienne; — Album de Durer; — l'Italia artistica; — la Galerie de Florence; — le Couvent de Saint-Marc; — la Galerie de Dresde; — les Fresques de St-Boniface à Munich, par Hess, etc., etc.

TABLEAUX D'ÉGLISE PEINTS A L'HUILE

d'après les meilleurs Maîtres chrétiens
et spécialement
D'APRÈS LES ARTISTES DE L'ÉCOLE ALLEMANDE

CHEMINS DE LA CROIX PEINTS A L'HUILE

Compositions de J. de Fuhrich

NOUVEAU CHEMIN DE LA CROIX

d'après les fresques de Fortner, dans l'église de St-Louis à Munich

Chromo-lithographies à l'huile, imprimées directement sur toile. Hauteur, 88 cent.; largeur, 65. — *Châssis à clefs*

Prix : **550** francs.

Peintures & Dessins Originaux

A. W. SCHULGEN, 25, RUE SAINT-SULPICE. — PARIS

CHEMINS DE LA CROIX

GRAVÉS EN TAILLE-DOUCE — d'après J. de Fuhrich

Trois Éditions différentes.

CANONS D'AUTEL

En style Gothique, Romain et Moderne.

MISSALE ROMANUM

Exécuté en Style Gothique à Vienne (Autriche), d'après les plus beaux Manuscrits du XIVe et du XVe siècle.

Édition en 3 couleurs, grand in-folio

Broché.......... 125 francs
Reliures de 100 à 225 francs

Ce Livre, qui est un des chefs-d'œuvre de la typographie et un monument d'art chrétien, a paru sous le patronage de l'Épiscopat allemand ; N. S. P. le Pape Pie IX lui a accordé la médaille d'or, et tous NN. SS. les Evêques de France lui ont décerné des témoignages écrits de leur satisfaction.

La MAISON A. W. SCHULGEN est un véritable Musée d'objets qui peuvent franchement être admis comme *dignes de l'Art et de la Religion*. Toute production mauvaise à ce point de vue est rigoureusement exclue de ses opérations, et c'est en confiance que le public peut s'adresser à elle tant pour les achats que pour les commissions dont il voudra la charger.

Le Catalogue est envoyé FRANCO.

1, rue Mézières, & rue Bonaparte, 80
PARIS

FABRIQUE
D'ORNEMENTS D'ÉGLISES

Maison S^{las} DUTOT, fondée en 1835

Fournisseur de plusieurs Archevêques, Évêques & Communautés Religieuses.

Cette Maison, que nous recommandons tout spécialement, a toujours justifié la préférence qui lui a été accordée par son honorable clientèle, tant par le bon goût et la richesse de ses dessins, que par le choix considérable de Marchandises de toute nature que l'on trouve toujours dans ses Magasins.

Chasublerie — Orfévrerie — Bronzes d'Églises
Vêtements ecclésiastiques — Linge d'Églises, etc.
Spécialité de **Costumes de Suisses, Bedeaux** et **Enfants de Chœur**, tout confectionnés.

Entreprise d'AMEUBLEMENTS et DÉCORATIONS d'Églises

Dépôt et Vente de Bronzes d'Art
religieux et administratifs
de la Maison Dutot, Jérome et Cie, 15, rue des 4 Jardiniers

Prix modérés — Facilités de Payement

D. Dutot, Jérôme & Cie

BREVETÉS S. G. D. G.

15, Rue des Quatre-Jardiniers, 15
14e arrondissement, A PARIS

CLOCHES D'ACIER FONDU

50 p. 100 d'Économie et garanties supérieures

Cloches de Bronze
PERFECTIONNÉES

Construction de Beffrois économiques

Suspension par l'*Eucodoncine* Dutot Frères, faisant sonner à la corde, par un seul homme, une Cloche de 4,000 kil.

Coussinets simplifiés et économiques

FABRIQUE DE BRONZES D'ART
administratifs et religieux

Statues, Bustes, Pendules, Christs, Vierges
Ornements de toutes espèces
Bénitiers, Fonts baptismaux, etc., etc.

BUSTES ET STATUETTES
de l'Empereur, de l'Impératrice, de S. S. Pie IX
de Saints & Hommes illustres.

Dépôt **rue Mézières, 1**, et chez M. **S. DUTOT**
Place Saint-Sulpice.

GIRAUD, BRODEUR-CHASUBLIER

Fabric¹ spécial
D'ORNEMENTS
D'ÉGLISE
PLACE
S¹-SULPICE, 5,
Entre l'Église et
le Séminaire
Saint-Sulpice.

Grand choix de modèles de tous les styles.

Peinture sur Verre — Vitraux d'Eglises
GSELL-LAURENT
43, rue Saint-Sébastien, à Paris

MÉDAILLES AUX EXPOSITIONS
Paris, 1849-1855. — Londres, 1862.

Les nombreux vitraux en style Roman, Gothique, Renaissance et moderne, commandés à nos ateliers par la Maison de l'Empereur, le Ministre des Cultes, des Travaux Publics, de l'Intérieur, le Préfet et la Ville de Paris, les Communautés, etc., sont placés : *A Paris :* dans les églises Ste-Clotilde, St-Gervais, St-Eustache, St-Roch, St-Vincent de Paul, St-Eugène, St-Etienne-du-Mont, et dans les chapelles des RR. PP. Jésuites, des Lazaristes, de l'Ecole Normale, des Sœurs de St-Vincent de Paul, du Palais de l'Elysée-Napoléon, etc.

Dans les départements : Nous avons exécuté la décoration complète en vitraux des Églises de Châteauneuf, La Délivrande (Caen), Gonesse, Granville, Isle-Adam, Jassans, La Louptière, Lizy-sur-Ourcq, Mattincourt, Mongré (Villefranche), Bon-Secours et St-Godard (Rouen), St-Dizier, etc., et bon nombre de verrières dans les principales villes de France et de l'Etranger. — *Prix des Vitraux,* le mètre superficiel : A personnages, 130 à 250 fr. — En grisaille et mosaïque, 40 à 90.

TABLEAUX RELIGIEUX

MAISON PATRITTI

84, rue Bonaparte, 84

Près de la Place Saint-Sulpice

PARIS

Mention honorable à l'Exposition des Beaux-Arts 1863.
Médaille de 2ᵉ classe aux Arts appliqués à l'Industrie 1863.

SPÉCIALITÉ
DE
CHEMINS DE LA CROIX
TABLEAUX D'ÉGLISES
en tous genres et de toutes dimensions
d'après les Grands Maîtres.

GRANDE RÉPUTATION

Tous les articles sortant de cette Maison sont d'une incontestable supériorité.

Messieurs les Ecclésiastiques, chefs de Communautés religieuses, ainsi que toutes les personnes qui désireraient s'assurer de la grande modicité de nos prix, n'ont qu'à demander les Tarifs, par lettres affranchies ; on envoie également, à toute personne qui en fait la commande, la collection complète de Photographies, ainsi qu'un spécimen de Peinture, à titre de *communication*. Après examen dudit Spécimen, les articles doivent être renvoyés FRANCO.

Manufacture modèle d'Harmoniums du fg. St-Germain.

A^{DRE} ROUSSEAU

PAVILLON LIAUTARD, ANCIEN COLLÉGE STANISLAS

50, rue N.-D.-des-Champs, et rue Vavin, 28.

ORGUES HARMONIUMS
PERFECTIONNÉS
POUR ÉGLISES & SALONS

depuis **275** fr. jusqu'à **2,500** et au-dessus.

Nouveaux Timbres : Suppression des sons métalliques.

Harpe Éolienne (brevetée s. g. d. g.) facture supérieure.

Voir les deux instruments fournis à St-Thomas-d'Aquin,
modèle de 9 jeux 1|2,
créé par M. A. Rousseau pour cette église.

Voir à la Fabrique, 50, *rue N.-D.-des-Champs*, les divers
modèles assortis, pour Églises et pour Salons.

Puis le Procès-verbal fait et signé à St-Thomas-d'Aquin,
par MM. LEFÉBURE-WÉLY, A. CAVAILLÉ-COLL, EDMOND
D'INGRANDE, A. DHIBAUT, FRÉDÉRIC LENTZ, Baron
H. DE BENAC, GRILLIÉ et LOUIS ROGER.

PARIS

Saint-Germain-des-Prés

RUE BONAPARTE

On prétend qu'à la place où a été construite cette église, s'élevait autrefois un temple d'Isis; mais l'édifice actuel, commencé en 1001, par l'abbé Morand, ne fut achevé que dans le siècle suivant. Le pape Alexandre III, réfugié en France, en fit la dédicace le 21 avril 1163. L'église Saint-Germain-des-Prés a 19 mètres en hauteur, 65 mètres en longueur et 21 mètres en largeur.

On y remarque une statue de la Vierge, en marbre, du quatorzième siècle; le tableau de Verdier, représentant la *Résurrection de Lazare;* celui de Bertin, le *Baptême de l'Eunuque;* on admire aussi le *Christ entrant à Jérusalem,* par un maître du dix-huitième siècle; *saint Germain faisant l'aumône*, par Steuben; la *Mort de Saphira*, par J. Leclerc, et plusieurs chefs-d'œuvre de Flandrin; le tombeau de Casimir et ceux de Descartes, de Boileau et des savants bénédictins Mabillon et Montfaucon sont à Saint-Germain-des-Prés.

STATUAIRE RELIGIEUSE

Parmi les progrès dont notre époque est si fière, il en est un qui se manifeste avec trop d'éclat pour échapper à notre admiration et pour que nous ne le signalions pas ici.

Partout, dans les grandes villes, comme dans les plus modestes campagnes, on se préoccupe d'élever des églises et de les orner d'une manière plus digne de la majesté de Dieu. Partout aussi, les lignes droites et uniformes du style grec font place à l'ogive née chrétienne, et aux styles si reli- des XIIe et XIIIe siècles.

Nous ne sommes pas exclusifs et nous ne voulons pas nier le mérite et la grandeur de certaines œuvres religieuses accomplies depuis ce qu'on est convenu d'appeler la renaissance. Mais ne devons-nous pas protester contre ce goût dépravé, cette ignorance relative, ce manque de convenances qui, confondant dans un même style les églises et les palais, condamnait le Dieu des chrétiens à habiter des temples païens. Nous sommes loin, heureusement, de l'époque où le seul mot de gothique faisait frémir jusqu'à Fénélon lui-même.

A une révolution politique qui a entassé ruines sur ruines et achevé l'œuvre de destruction commencée un siècle plus tôt, par les classiques et les délicats, a succédé une révolution artistique qui a fait revivre les vrais principes et les beaux jours de l'architecture religieuse. Rendant enfin aux grands artistes du moyen-âge un hommage aussi tardif que mérité, nous reconnaissons franchement qu'ils sont nos maîtres et nos modèles. Leurs œuvres sont jusqu'à présent l'expression la plus vraie, la plus élevée de la sainteté de nos mystères et des splendeurs de notre foi. Comme eux, nous aimons, nous bâtissons des églises gothiques. Comme eux aussi, nous érigeons de pieuses et chastes statues, au lieu de ces sculptures maniérées, torturées à l'antique, où l'artiste de la renaissance croyait avoir rendu hommage à la reine des Vierges en la représentant sous les traits d'une déesse de l'antiquité.

Mais où rencontrer ces artistes chrétiens qui s'inspiraient de leur foi et demandaient à la prière leurs inspirations ? Où retrouver ces corporations du moyen-âge, ces artistes habiles, dont les œuvres non signées nous servent de modèles et de guides ? Qui servira d'intermédiaire entre l'évêque, le prêtre et le bienfaiteur qui voudra doter son pays d'un sanctuaire de plus et l'artiste qui devra l'orner ? Les besoins religieux des peuples sont trop nombreux pour permettre aux moines de notre époque de travailler aux œuvres matérielles de la maison de Dieu. *Les logeurs du bon Dieu*, et les *imagiers religieux* ne portent plus le froc ; c'est donc à des mains laïques, à des industries spéciales qu'est dévolue maintenant la tâche glorieuse d'élever et d'orner les églises.

C'est autour de l'antique abbatiale de Saint-Germain-des-Prés que se sont groupées les maisons qui s'occupent de l'ornementation des églises, et c'est à la suite d'une visite aux ateliers de M. Froc-Robert que ces réflexions nous sont naturellement venues.

Nous avons été frappés du mérite artistique et surtout du sentiment religieux qui caractérise les statues de M. Froc-Robert, sentiment qui fait défaut dans la plupart des œuvres de nos artistes les plus renommés. Ses décorations polychromes ne le cèdent en rien pour la richesse aux meilleures productions de l'Allemagne et l'emportent sur elles par le goût et le sentiment de l'art. C'est du reste un succès qui était bien dû à cette maison qui a le plus contribué à propager ce retour aux traditions du moyen âge.

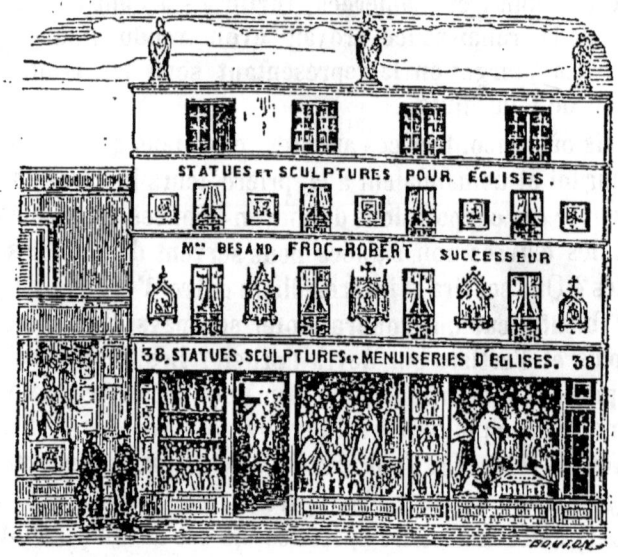

Froc-Robert
38, rue Bonaparte, 38

Ateliers spéciaux pour la Décoration des Églises.
Statues en pierre, bois, terre cuite, carton-pierre et plâtre.
Chemins de Croix en bas-reliefs dans tous les styles.

Menuiserie d'Églises :
Autels, Chaires à prêcher, Confessionnaux.

Ateliers à Paris pour les Travaux Artistiques.

Ateliers à Beauvais (Oise).

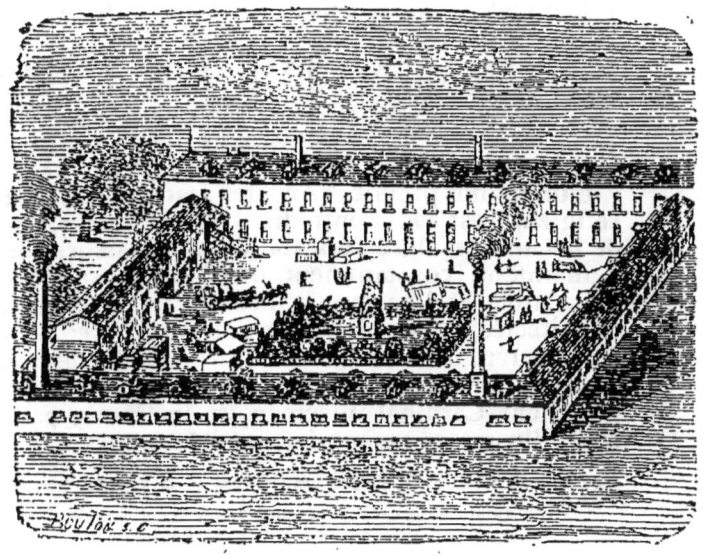

ATELIERS DE BEAUVAIS (OISE)

pour la Menuiserie d'Églises, la Taille de Pierre
la Terre cuite (Céramique)

DE LA MAISON

FROC-ROBERT

RUE BONAPARTE, 38, PARIS

✝

PUTOIS-CRETTÉ, Éditeur A PARIS
Place St-Germain-des-Prés et rue de l'Abbay

CHEMIN DE LA CROIX
Artistique & Religieux de
Jean Du Seigneur

L'un de nos premiers Artistes français dans la Sculptu
religieuse est sans contredit M. Du Seigneur. Son Chem
de la Croix, malgré l'apparition de plusieurs concurrent
a maintenu constamment une grande supériorité pou
l'ensemble et l'harmonie des Stations. Apprécié par l
Architectes, les Critiques et toutes les personnes de goû
cette œuvre d'art est la seule qui ait été bénie et approuv
tout à la fois, à Rome par S. S. Pie IX, en Angleterre p
l'éminent Cardinal Wiseman, et en France par Mgr Pa
sis, l'illustre et savant évêque d'Arras.

Les 14 Bas-Reliefs de 85 c. large sur 66 hau

(Non compris les cadres qui font varier les dimensions et les prix
selon le style et les dessins.)

sont exécutés et livrés :

En **Plâtre durci**...................... Depuis 6
En **Plâtre hydrofugé** (ton de pierre ou gypsolithe) 7
En **Terre cuite blanche de Paris**............ 10
En **Bronze** par la **galvanoplastie**............ 45
En **marbre blanc statuaire** 1er choix.......... 350

Reproduction par la Photographie.

Grand format pour Églises — 66 sur 50........ 2
Moyen format pour Chapelles — 45 sur 33.....
Petit format pour Oratoires...................
Format mignonnette (les 14 Stations sur une
  seule feuille. — 25/15)......................

On pourra voir les différents spécimens, avec ou sa
cadres et en diverses matières, des Bas-Reliefs du **Chem
de la Croix** de J. Du Seigneur, ainsi que les Photogr
phies, à l'Exposition Universelle de 1867. Les Collectio
complètes se trouvent dans les Magasins et Ateliers
M. Putois-Cretté, Éditeur des *Lectures Morales et L
téraires*, de la *Bibliothèque Saint-Germain*, de l'*Histoi
universelle* de J. Chantrel, des Ouvrages du R. P. Lefebvr
de Madame Bourdon, etc., etc.

— **Librairie Saint-Germain-des-Prés** —

Saint-Germain-l'Auxerrois.

PLACE SAINT-GERMAIN-L'AUXERROIS, EN FACE LA COLONNADE DU LOUVRE.

Désignée d'abord sous le nom de Saint-Germain-le-Rond, à cause de sa forme, l'église Saint-Germain-l'Auxerrois fut achevée, selon toute apparence, par Chilpéric Iᵉʳ, et détruite par les Normands lorsqu'ils quittèrent les bords de la Seine. Le roi Robert-le-Pieux la rebâtit 1050); mais l'édifice actuel est de beaucoup postérieur.

Il y a deux dates mémorables dans l'histoire de Saint-Germain-l'Auxerrois : Le 24 août 1572, la cloche de cette église donna le signal de la Saint-Barthélemy. Le 14 février 1831, elle fut saccagée par la populace au moment où le clergé de la paroisse célébrait l'anniversaire de la mort du duc de Berry.

Rendue au culte en 1838, Saint-Germain nous apparaît avec de récentes restaurations. M. Mottez en a décoré le porche en peignant une série de tableaux à fresque ; cette décoration à fond d'or se relie, tant bien que mal, aux sculptures gothiques conservées ou remplacées. On y admire deux peintures à fresque de M. Amaury Duval.

Les deux vitraux placés à l'entrée de l'église sont de M. Maréchal (de Metz). Il ne reste plus, des magnifiques verrières dont J. Cousin avait orné cette basilique, que celles des croisées.

Près de la porte, on trouve un baptistère en marbre, de M. Jouffroy, qui obtint un grand succès au salon de 1816.

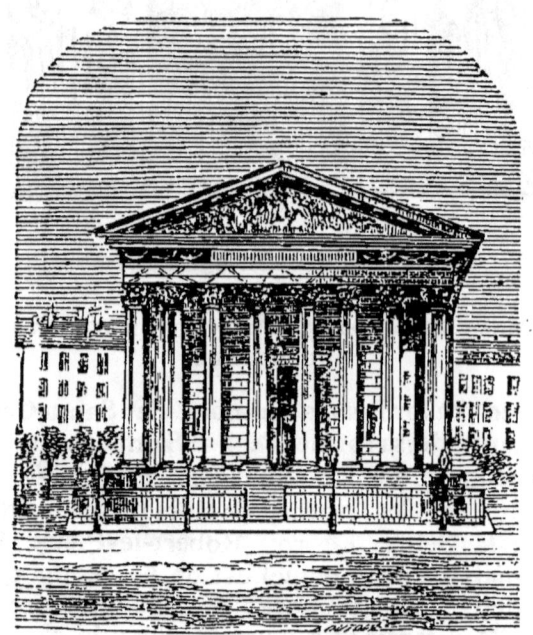

La Madeleine

PLACE DE LA MADELEINE, A L'EXTRÉMITÉ DES BOULEVARDS.

La première pierre de la Madeleine fut posée par Louis XV, le 3 avril 1764. Un décret de Napoléon, rendu à Posen, le 2 décembre 1806, ordonna de transformer cette église en un temple grec, portant cette inscription : *L'empereur Napoléon aux soldats de la Grande-Armée.* Les troupes devaient s'y réunir à chaque anniversaire des batailles d'Austerlitz et d'Iéna. Vignon fut chargé de construire ce temple de la Gloire, en utilisant les premiers travaux de la construction, qui fut de nouveau suspendue en 1810, par un autre décret rendant ce monment à sa destination première. Lorsque Vignon mourut, en 1828, Hervé fut chargé de terminer l'édifice, qu'il ne put achever que sous Louis-Philippe. Un large perron conduit au péristyle où une colonnade, qui règne tout autour de l'édifice, supporte un magnifique fronton, sculpté par Lemaire, représentant le *Jugement dernier;* au-dessous de ce fronton, on lit l'inscription suivante : « *D. O. M. sub invoc. S. M. Magdalenæ.* A Dieu, Très Bon, Très Grand, sous l'invocation de sainte Marie-Madeleine. »

Marochetti a sculpté, pour le maître-autel de cette église, une *Assomption* en marbre blanc, fort remarquable, et Ziégler a aussi composé pour elle une peinture occupant une demi-coupole derrière l'autel, qui est singulièrement compliquée; au centre est la Madeleine aux pieds du Christ entouré des Apôtres et Evangélistes. Les statues qui ornent les voûtes sont de Rude, Foyatier et Pradier ; les bénitiers d'Antonin Moyne ; le groupe de la chapelle des mariages, à droite, est de Pradier ; celui des fonts, à gauche, est de Rude.

Sainte-Clotilde

PLACE BELLE-CHASSE.

Cette église, du style du quatorzième siècle, fut commencée par Gau (1846), et terminée par Ballu et Roguez; elle fut inaugurée par Mgr. Morlot, archevêque de Paris (30 novembre 1857). Elle est pleine de hardiesse et de grâce. On remarque les verrières de Maréchal, Larenzel et Thibaut de Clermont; les vitraux, de Jourdy, Chancel et Galimard; sa voûte hardie, soutenue par 56 piliers,

sa galerie, soutenue par des arceaux surbaissés; les bas-reliefs sculptés, de Pradier et Duret; les portes, d'Oudin et Toussaint.

Saint-Roch

RUE SAINT-HONORÉ, N° 298.

La première pierre de Saint-Roch fut posée en 1653. Elle ne fut achevée qu'en 1740.

La chapelle de la Vierge de Saint-Roch est d'un singuller aspect ; on remarque un Christ en croix, de Michel Auguier, au milieu de soldats et de rochers en pierre enfumines.

On cite, parmi les tableaux dont cette église est décorée : *Saint Jean-Baptiste prêchant dans le désert*, de

Champmartin ; *le Mal des ardents*, de Doyen ; le *Christ entouré des douze apôtres* ; *Saint Denis prêchant dans les foules*, de Vien ; un *Saint-Sébastien*, de Bellay.

Saint-Eustache

RUE DU JOUR ET RUE MONTMARTRE.

Au treizième siècle, l'emplacement de Saint-Eustache était occupé par une chapelle dédiée à sainte Agnès. En

1223, cette chapelle fut rebâtie sous le nom de Saint-Eustache, mais la première pierre de l'église actuelle ne fut posée que le 19 août 1532 ; le monument fut terminé en 1641, à l'exception du portail, exécuté sur les dessins de Mansart en 1752, et achevé par Moreau en 1788.

Cette église est une des plus imposantes de Paris ; c'est un édifice gothique construit en matériaux modernes ; rien n'est plus étrange que ces piliers im-

menses terminés par des chapiteaux corinthiens, rien n'est plus saisissant que sa chapelle souterraine dédiée à sainte Agnès.

Les meilleurs tableaux de Saint-Eustache sont de Carle Vanloo ; en voici les sujets : l'*Admiration des Mages*, la *Guérison du lépreux* et l'*Adoration des bergers*.

Saint-Vincent-de-Paul

PLACE LAFAYETTE, AU HAUT DE LA RUE HAUTEVILLE.

Cette église, commencée en 1824 par Lepère, a été terminée par Hittorff. Le péristyle, formant avant-corps, est orné de trois rangs de colonnes supportant un fronton décoré d'un bas-relief qui représente l'*Apothéose de saint Vincent de Paul*, par Lemaire.

On remarque dans cette église les boiseries du chœur, par Millet et Molchnet; les vitraux, de Maréchal (de Metz); la nef, peinte par Flandrin; les deux anges aux côtés de la chaire, dus au ciseau de Dusseigneur; et le Calvaire du maître-autel, sculpté par Rude.

La Trinité.

RUE SAINT-LAZARE.

L'église de la Trinité, élevée rue Saint-Lazare, dans l'axe de la Chaussée-d'Antin, entre les rues Blanche et de Clichy, est destinée à remplacer l'ancienne chapelle de la rue de Calais et la petite église de la Trinité de la rue de Clichy.

L'intérieur se compose d'une grande nef de 38 mètres de large ; les chapelles latérales sont bordées par un passage parallèle à la nef, qui les rend d'un accès facile. Le chœur, plus élevé que la nef, précède immédiatement la chapelle de la Vierge, et communique à droite et à gauche à deux grandes sacristies. Une vaste crypte s'étend sous toute cette partie du monument ; quatre escaliers, deux à l'intérieur et deux à l'extérieur de l'abside, conduisent à cette chapelle souterraine.

M. Ballu, architecte en chef des monuments religieux de la ville de Paris, est l'auteur du plan de l'église de la Trinité ; c'est aussi sous sa direction que les travaux ont été exécutés. La façade est du style de la Renaissance ; le grand porche est surmonté d'un étage percé d'une rosace, et d'un clocher de 65 mètres d'élévation ; le mur-pignon est couronné d'une balustre découpée à jour et de deux tourelles.

Saint-Augustin

BOULEVARD MALESHERBES.

A l'extrémité du four carrefour par la rencontre du boulevard Malesherbes et de la rue de la Pépinière, s'élève un monument d'un aspect grandiose et sévère, dont la portail richement orné et la nef surmontée d'un dôme, attirent l'attention des promeneurs : c'est la nouvelle église Saint-Augustin.

Il y a vingt ans, l'augmentation considérable de la population de la paroisse de l'église de la Madeleine nécessita la création d'une église succursale, qui fut établie provisoirement dans la rue de la Pépinière, sous le vocable de Saint-Augustin.

Mais lorsque, en 1862, le boulevard Malesherbes fut achevé, l'administration municipale, reconnaissant l'insuffisance de cette succursale, décida l'érection d'une église plus grande, et dont l'architecture fût en harmonie avec les belles et riches constructions élevées dans ce quartier.

Elle a été construite sur les plans et sous la direction de M. Baltard, architecte en chef de la ville de Paris.

Décoration d'églises et châteaux
(CÉRAMIQUE)

La céramique, cet art dont on ne peut retrouver l'origine qu'en remontant bien haut dans l'antiquité, puisqu'on en voit des traces chez les hébreux et des types chez les égyptiens, en Grèce, à Rome, dans l'Inde, en Japon, en Chine, etc.; cet art a toujours occupé l'imagination des artistes et des chercheurs; plus tard, la civilisation, en épurant nos goûts, fit développer l'art de la céramique d'une façon remarquable, et bientôt il devint d'un ordre élevé : Les belles poteries de Henri II, les poteries Nivernaises, celles de Rouen, les magnifiques émaux de Limoges, types splendides, sont imités avec vérité et un talent incontestable par quelques-uns de nos céramistes modernes. La céramique fut délaissée en France pendant un bon nombre d'années ; mais depuis quelque temps, elle a pris une recrudescence remarquable, qui est due tout entière, on ne peut le nier, aux études, aux recherches, aux incessants travaux de nos artistes en céramique. Tout le monde sait que les maîtres d'autrefois, *les Lucca della Robia, les Orrazio Fontana, les Bernard Palissy* et beaucoup d'autres encore, ont emporté leurs secrets, soit comme emploi des terres argileuses, soit comme émaux, cuisson et procédés divers, qu'il a fallu rechercher, retrouver, et qui, partant, constituent un art complètement nouveau.

Cependant, il est juste de dire que nos artistes modernes ont pu s'aider des précieuses découvertes de la chimie, de la géologie, mais la tâche n'était pas moins hérissée de difficultés nombreuses, qui toutes, nous pouvons le dire, ont été victorieusement vaincues ; en dépit de quelques amateurs du vieux et de l'antique, nous dirons avec raison que, quel que soit le mérite et la beauté de la céramique ancienne, la céramique moderne nous paraît ne rien avoir à lui envier, comme beauté des formes, application d'émaux et richesse de décoration. Nous en trouvons une preuve sérieuse, incontestable dans les produits de M. Auguste Jean, dont nous avons pu voir de nombreux spécimens dans ses magasins du boulevard Malesherbes, près de l'église Saint-Augustin. En présence des progrès de la céramique, l'art de la décoration l'a appelée à son aide, et c'est sous ce rapport que les œuvres de M. Auguste Jean sont appréciables. Il nous a été donné d'admirer une riche collection d'objets charmants de la céramique moderne du goût le plus élevé, où l'art règne en maître ; des faïences artistiques d'un rare mérite ; des bustes, des portraits, des vases copiés de l'antique, d'autres de formes modernes pleines de grâce et de fantaisie, émaillés avec talent, décorés avec un goût charmant et plein d'harmonie ; des plaques émaillées pour meubles, d'une grande richesse de composition ; décoration architecturale *Lucia della Robia* de toutes les grandeurs ; dallage et carrelage émaillés ; armoiries et reproductions de toutes les faïences créées pour décorer des soubassements, des salles de bains ; des plaques pour décoration de châteaux, salles à manger, émaillées et décorées de sujets-attributs. Tous les objets de la céramique moderne sont parfaitement compris au point de vue de nos mœurs, de nos goûts, de nos habitudes. M. Auguste Jean est un jeune artiste, un observateur sérieux, qui, comprenant son temps, son époque, le goût actuel, qui s'épure chaque jour et fait que chacun recherche les belles choses et aime à s'en entourer, a su combiner ses travaux de façon à les mettre à la disposition de tous, c'est-à-dire que ses prix n'ont rien d'exagéré : quelle que soit la beauté de l'objet, tout est relatif. De nombreuses récompenses sont venues sanctionner le mérite de ce jeune talent qui promet un brillant avenir.

PALAIS ET MONUMENTS

L'Hôtel-de-Ville

Ce fut en 1549 que l'on commença l'édification de ce monument, qui est parvenu jusqu'à nous. En 1804, il reçut des agrandissements considérables, qui ne répondaient pas cependant aux développements toujours croissants de la cité. En 1836, le Conseil municipal adoptant les plans de Lesueur et de Godde, le préfet de la Seine fit élever, tout en conservant les anciennes constructions, une maison commune, digne de la capitale de la France. Aujourd'hui cet hôtel peut être mis au rang des plus grands monuments de Paris.

Les Tuileries

En 1372, trois fabriques de tuiles existaient sur un terrain, dit de la Sablonnière, où se trouve aujourd'hui le palais des Tuileries, qui a retenu le nom de ces humbles demeures. Elles existaient encore en 1518, lorsque François Ier acheta une maison voisine, dont il fit présent à la duchesse d'Angoulême sa mère. Cette princesse n'y séjourna pas longtemps, et en céda la jouissance à Jean Tiercelin, en 1526. Catherine de Médicis choisit cette maison pour en faire sa résidence, acheta plusieurs bâtiments et terres qui l'avoisinaient, et jeta les premiers fondements du nouvel édifice dans le mois de mai 1564. Philibert Delorme et Jean Bullant présentèrent le plan du vaste palais, mais on n'éleva que le gros pavillon du centre. Ce pavillon, les deux bâtiments latéraux, et les pavillons qui les terminent, composèrent longtemps tout le palais des Tuileries.

Henri IV y ajouta quatre nouveaux corps de logis, et les travaux furent continués pendant tout le règne de Louis XIII. En 1664, Louis XIV ordonna à Levau de terminer le palais des Tuileries; mais ce n'est réellement qu'aujourd'hui que l'on peut considérer ce palais comme achevé, par le prolongement de l'aile nord, qui le réunit au palais du Louvre. Louis XIII, Louis XIV et Louis XV n'habitèrent que momentanément les Tuileries; et l'on sait dans quelles condi-

tions se trouvait l'infortuné Louis XVI, quand il vint y fixer sa résidence.

Napoléon y fit faire de nombreux travaux et ne le quittait que pour ses résidences d'été. Louis-Philippe vint l'habiter en 1832. Entre tous les travaux qui ont été exécutés sous son règne, on peut citer la salle du Trône et le grand escalier d'Honneur.

Le jardin des Tuileries, ce chef d'œuvre auquel rien n'a pu être comparé depuis, fut dessiné par Le Nôtre, que Louis XIV chargea de ce travail. Parmi les statues qui ornent ce jardin, on admire surtout celles de Coustan, de

Théodore, et parmi les modernes, le *Spartacus* de Foyatier, et le *Lion* de Baryes.

Palais-Royal

En 1612, Marie de Médicis acheta au duc de Piney-Luxembourg, une grande maison à laquelle elle ajouta 32 arpents de terrain sur lequel elle fit élever, par Jacques Desbrosses, le palais que nous voyons aujourd'hui. Légué à Gaston de France, ce palais passa à la duchesse d'Alençon, qui en fit don au roi en 1694. Devenu propriété nationale, en 1793, le Directoire s'y installa en 1795; et, après le 18 brumaire, il devint tour à tour palais du Consulat, palais du Sénat-Conservateur, palais de la Chambre des Pairs, et nouveau palais du Sénat, depuis la restauration de l'Empire.

Construit sur l'emplacement de l'ancien hôtel de Mercœur et de Rambouillet, par le cardinal de Richelieu, en 1626, le Palais-Royal fut achevé dix ans après, prit le titre de Palais-Cardinal et le conserva jusqu'à la fin de Richelieu, qui mourut le 4 décembre 1642. Le roi Louis XIII, à qui il avait été légué par le cardinal-ministre, vint en prendre possession, et depuis il prit le nom de Palais-Royal.

La façade principale, du côté de la rue Saint-Honoré, fut élevée par le duc d'Orléans et achevée en 1763; en 1793, il prit le nom de Palais-Égalité, et, peu de temps après, Palais-du-Tribunat.

L'ancien jardin du Palais-Royal était beaucoup plus vaste que le nouveau ; il s'étendait sur tout l'emplacement des rues de Beaujolais, de Valois, de Montpensier et des galeries de pierres.

Ancienne Maison Duffaud
LEVERDIER
SUCCESSEUR
21, RUE DE RICHELIEU, 21

S'HABILLER avec goût est une des constantes préoccupations de tout voyageur arrivant à Paris. En effet, quel que soit le mérite des tailleurs de la province et de l'étranger, il est rare qu'on ne profite pas d'un voyage dans la capitale pour demander à nos artistes parisiens les modes, les étoffes nouvelles, et ce n'est que juste ; n'est-ce pas à Paris que naissent chaque jour ces mille et une fantaisies de luxe de bon goût, créées par cette reine autocratique qui a nom la MODE.

Les tailleurs sont nombreux, partant, faire un choix entraîne toujours l'indécision ; aussi avons-nous cru être utile à nos lecteurs en leur signalant une bonne maison, qui, depuis longtemps, a su se faire une réputation juste et méritée dans l'art de l'habillement ; nous disons *art*, et quoique, aux yeux des sceptiques, ce mot, appliqué aux vêtements, puisse paraître prétentieux, nous le maintenons, car tous les gens de goût conviendront que *bien habiller* n'est pas sans difficultés, évidemment cela constitue un art dans toute l'acception du mot.

La Maison de M. Leverdier, au n° 21 de la rue de Richelieu, est un ancien hôtel, plein de souvenirs historiques, habité autrefois par le duc de Richelieu, avant son installation au Palais-Cardinal ; nous y avons remarqué d'admirables boiseries, comme on savait les faire au xvie siècle, de belles glaces surmontées de trumeaux d'une authenticité incontestable, etc., etc. Les honneurs de la maison nous furent faits par M. Leverdier, qui, sur notre demande, n'hésita pas à nous donner de nombreux renseignements, et sur la maison qu'il habite, et sur son industrie. Placé au centre de Paris, près du Palais-Royal, dans un quartier aristocratique, il a appelé à lui une clientèle élégante, qui a su apprécier son goût et son intelligence ; de plus, il a ajouté aux vêtements civils les costumes de cour : sénateurs, députés, académiciens, officiers, tous ceux enfin dont la position exige un habillement officiel, peuvent s'adresser à M. Leverdier en toute confiance.

MONUMENTS

Entre tous les monuments que l'on doit à Louis XIV, l'hôtel des Invalides est celui que l'on peut montrer avec le plus d'orgueil. Là cinq à six mille vieux soldats, presque tous ayant perdu quelque membre au service de la patrie, jouissent en paix d'une vieillesse honorée ; l'Etat, pour lequel ils ont versé leur sang, leur assure une existence qui les met à l'abri de tout besoin, nous dirons presque de tout désir. La première pierre de cet hôtel fut posée par Louis XIV (30 novembre 1671); le dôme, exécuté sur les dessins de Mansard, fut terminé en 1706, la hauteur est de 105 mètres. En 1840, les cendres de l'empereur Napoléon Ier furent déposées sous le dôme, où un magnifique tombeau a été élevé pour recevoir ses restes. Cet hôtel est actuellement gouverné par un maréchal de France et commandé par un général.

A l'autre extrémité du faubourg Saint-Germain s'élève un

monument destiné à recevoir les militaires malades appartenant à la garnison de Paris.

C'est le Val-de-Grâce. Cet hôpital militaire fut fondé par Anne d'Autriche (1621); c'était une ancienne abbaye royale des bénédictines du Val-de-Grâce. On doit encore au règne de Louis XIV la manufacture des tapisseries, dite des *Gobelins*, fondée en 1666. La manufacture des glaces, la manufacture des tapis, de la savonnerie, la fondation des académies, des inscriptions et belles lettres, des sciences, d'architecture; l'Ecole des Beaux-Arts de Rome. Ces trois académies, réunies à l'Académie des sciences morales et politiques et à l'Académie française, forment l'Institut de France, elles tiennent leurs séances au collége des Quatre-Nations, dit Palais de l'Institut.

Le *Conservatoire des Arts et Métiers*, fondé d'abord par Vaucanson, se trouve actuellement dans l'antique abbaye de ce nom.

Dès 1808, cet établissement réunissait la plus précieuse collection de modèles, qui a été considérablement augmentée depuis.

L'enseignement du Conservatoire est confié à trois démonstrateurs et à un dessinateur, au-dessus desquels il y a un conseil de perfectionnement créé pour l'amélioration de cet établissement.

L'*Ecole des mines* et l'*Ecole des ponts et chaussées*, furent créées en 1783 et 1794. L'*Ecole polytechnique* et l'*Ecole normale* furent fondées pendant la Révolution.

L'*Hôtel des monnaies*, tel que nous le voyons aujourd'hui, a été bâti en 1771 sur l'emplacement de l'ancien hôtel.

Cet établissement, qui remonte aux premiers temps de la monarchie française, eut sous nos premiers rois une très grande importance.

Arc de Triomphe du Carrousel, place du Carrousel. — De l'*Etoile*, à la barrière de l'Etoile. — *Beaux-Arts* (le palais des), rue Bonaparte, 14. — *Cimetières*. — Les cimetières ci-après méritent seuls d'être visités, ce sont ceux du Père-Lachaise, à la barrière d'Aunay.— Du Montparnasse, à la barrière du Montparnasse. — Montmartre, à la barrière Blanche. — *Colonnes*. Vendôme ou Austerlitz, place Vendôme. — De Juillet, place de la Bastille.— On peut monter sur la galerie supérieure des colonnes Vendôme et de Juillet. — *Conseil d'Etat* (palais du), rue de Lille, 62. — *Corps Législatif* (palais du), rue de l'Université, 124. — *Elysée-Napoléon* (palais de l'), rue du Faubourg-Saint-Honoré, 57. — *Hôtel-de-Ville* (l'), place de ce nom. — *Industrie* (palais de l'), grand carré de Marigny, aux Champs-Elysées.— *Institut* (palais de l'), quai de Conti, 23. — *Invalides* (hôtel des), esplanade de ce nom. — *Jacques-la-Boucherie* (la tour Saint-), rue de Rivoli, entre la rue Saint-Martin et le boulevard de Sébastopol. On peut monter sur la plate-forme de la tour.— *Jardin-des-Plantes* (le), place Walhubert. — *Justice* (le palais de), boulevard du Palais. — *Légion-d'Honneur* (le palais de la), rue de Lille, 64.— *Louvre* (le palais du), rue de Rivoli.— *Luxembourg* (le palais du), rue de Vaugirard, 23. — *Luxor* (l'obélisque de), place de la Concorde. — *Monnaie* (l'hôtel de la), quai de Conti, 11. — *Morgue* (la), place de l'Archevêché, derrière Notre-Dame. — *Panthéon* (le), Voyez église Sainte-Geneviève. — *Pompe-à-Feu* de Chaillot, quai de Billy, 8.— du Gros-Caillou, quai d'Orsay, 63.— *Royal* (le Palais-), rue Saint-Honoré, 204.— *Thermes* (le palais des), boulevard Saint-Michel. — *Tombeau de l'Empereur* (le), à l'hôtel impérial des Invalides. — Le public est admis à le visiter tous les lundis, de midi à 3 heures. Le jeudi on entre muni de billets, et les Etrangers sur la présentation de leur passeport. — L'entrée par la place Vauban.

Musées Impériaux.

Musées. — De Peinture. — De Dessins. — Des Gravures. — Des Sculptures antiques. — De Sculpture moderne. — Assyrien. — Egyptien. — Américain. — Etrusque. — Algérien. — De la Marine. — Des Souverains. — Ces divers Musées sont réunis au Palais du Louvre. Ils sont ouverts au public tous les jours, le lundi excepté, de 10 heures à 4 heures. — *Musée du Luxembourg*, rue de Vaugirard, 21. — Ouvert au public tous les jours, le lundi excepté, de 10 heures à 4 heures. — *Musée de Cluny*, rue des Mathurins-Saint-Jacques, 14. — Le Musée est ouvert au public les dimanches et jours de fêtes, de 11 heures à 4 heures et demie. Tous les jours de la semaine, les lundis exceptés, les galeries sont ouvertes aux personnes munies de billets d'entrée, ainsi qu'aux étrangers sur la présentation de leurs passeports. — *Musée d'Artillerie*, place Saint-Thomas-d'Aquin, 3. — On ne peut être admis à visiter ce Musée qu'avec des billets délivrés par l'Administration, sur demandes écrites. — *Muséum d'Histoire Naturelle*, au Jardin-des-Plantes. — Le jardin est ouvert tous les jours au public et toute la journée. La Ménagerie est ouverte au public de 11 heures du matin à la nuit en hiver, et de 10 heures du matin à 6 heures du soir en été. — Les galeries d'Anatomie comparée, de Zoologie, de Botanique, de Géologie et de Minéralogie sont ouvertes au public les mardis, jeudis et samedis, de 10 heures à 2 heures.

Ambassades et Consulats étrangers à Paris.

Angleterre, rue du Faubourg-Saint-Honoré, 39, de midi à 2 heures. — *Autriche*, rue de Grenelle-Saint-Germain, 101, de 1 heure à 3 heures. — *Bade*, rue Blanche, 62, de 1 heure à 3 heures. — *Bavière*, rue de Grenelle-Saint-Germain, 107, de 1 heure à 3 heures. — *Belgique*, rue de la Pépinière, 97, de midi à 2 heures. — *Brésil*, avenue de la Reine-Hortense, 6, de midi à 3 heures. — *Buenos-Ayres*, rue Saint-Georges, 35, de 9 h. à midi. — *Chili*, rue Laval, 26, de 9 heures à midi. — *Confédération Argentine*, rue Saint-Florentin, 14, de 1 heure à 3 heures. — *Danemark*, rue de la Ville-l'Evêque, 43, de midi à 2 heures. — *Espagne*, quai d'Orsay, 25, de 1 heure à 3 heures. — *Etats-Romains*, rue de l'Université, 69, de 11 heures à 1 heure. — *Etats-Unis d'Amérique*, place de l'Etoile, de midi à 2 heures. — *Grèce*, avenue Gabriel, 46, de 11 heures à 2 heures. — *Guatemala*, rue Fortin, 3, de 1 heure à 2 heures. — *Haïti*, rue de l'Arcade, 26, de 10 heures à 2 h. — *Hanovre*, avenue Gabriel, 46. — Chancellerie, rue de Penthièvre, 19, de 1 heure à 3 h. — *Hesse-Grand-Ducale*, rue de Grenelle-Saint-Germain, 112, de 11 heures à 2 h. — *Hesse-Electorale*, rue de Turin, 13, de 9 heures à 11 h. — *Honduras*, avenue de l'Impératrice, 2, de 10 heures à midi — *Italie-Sardaigne*, rue Saint-Dominique, 133, de 11 heures à 2 h. — *Mecklembourg-Schewerin*, rue du Marché-d'Aguesseau, 18, de 11 heures à 1 h. — *Mexique*, rue d'Aumale, 9. — *Nassau*, avenue des Champs-Elysées, 121, de 11 heures à 2 h. — *Nicaragua*, rue du Rocher, 46. Légation, rue de la Ville-l'Evêque, 38, de 10 h. à 11 heures. — *Nouvelle-Grenade*, rue du Faubourg-Saint-Honoré, 134, de 9 heures à midi. — *Oldenbourg*, rue Neuve-des-Mathurins, 10, de 11 heures à midi. — *Pays-Bas*, avenue des Champs-Elysées, 121, de 11 heures à 2 heures. — *Pérou*, avenue Montaigne, 13, de midi à 6 heures. — *Perse*, avenue d'Antin, 3, de midi à 3 heures. — *Portugal*, rue d'Astorg, 12, de midi à 2 heures. — *Prusse*, rue de Lille, 78, de midi à 1 heure. — *Russie*, rue du Faubourg-Saint-Honoré, 33, de midi à 3 heures. — *San-Salvador*, avenue de l'Impératrice, 2, de 10 heures à midi. — *Sardaigne*, rue Saint-Dominique, 133, de 11 heures à 2 heures. — *Saxe-Royale*, rue de Courcelles, 29, de 11 heures à 1 heure. — *Saxe-Weymar*, rue de Lille, 78, de midi à 1 heure 1/2. *Suède et Norwége*, Légation, rue de Marignan, 9, Chancellerie, avenue Montaigne, 51, de midi à 2 heures. — *Suisse*, rue d'Aumale, 9, de 10 heures à 3 h. — *Turquie*, rue Presbourg, 10, place de l'Etoile, de 11 heures à 3 heures. — *Uruguay*, rue Saint-Honoré, 368, de 9 heures à 11 heures. — *Venezuela Caracas*, rue Fontaine-Saint-Georges, 28, de 9 heures à 5 heures. — *Villes-Libres*, rue de la Ferme-des-Mathurins, 18, de 11 heures à 1 heure. — *Wurtemberg*, rue de la Ferme-des-Mathurins, 18, de 11 heures à 1 heure.

Bibliothèques publiques.

Bibliothèque impériale, rue de Richelieu, 58. Ouverte de 01 heures à 3 heures tous les jours, excepté le dimanche, aux personnes qui viennent s'y livrer à l'étude. — *Bibliothèque Sainte-Geneviève*, place du Panthéon. — Elle est ouverte au public tous les jours, le dimanche excepté, de 10 heures à 3 heures, et de 6 heures du soir à 10 heures. — *Bibliothèque Mazarine*, au Palais de l'Institut, quai de Conti, 23. — Ouverte tous les jours non fériés de 10 heures à 3 heures. — *Bibliothèque de l'Arsenal*, rue de Sully, 1. — Elle est ouverte tous les jours, excepté le dimanche, de 10 heures à 3 heures. — *Bibliothèque de la Sorbonne*, rue de la Sorbonne, 13. — Ouverte au public tous les jours, les dimanches et fêtes exceptés, de 10 heures à 3 heures. — *Bibliothèque de la Ville*, à l'Hôtel-de-Ville. — Elle est ouverte au public tous les jours non fériés de 10 heures à 3 heures. — *Bibliothèques non publiques.* — Les principales sont : celles du Louvre, du Corps-Législatif, du Sénat, du Conseil d'Etat, de la Cour de Cassation, de l'Institut, de l'Ecole des mines, etc., etc. — *Cartes et plans de la marine et des colonies* (dépôt général des), rue de l'Université, 15. — *Cartes et plans des travaux publics* (dépôt des), rue des Saints-Pères, 28.

Pouvoirs judiciaires.

La Cour de Cassation, au Palais-de-Justice. — La Cour des Comptes, rue de Lille, 62 bis. — La Cour impériale de Paris, au Palais-de-Justice. — Le Tribunal de première instance, au Palais-de-Justice. — *Préfecture du département de la Seine*, à l'Hôtel-de-Ville. — *Préfecture de Police*, rue de Jérusalem, 7. — Le bureau des passeports est ouvert tous les jours de 9 heures à 4 heures, et le dimanche, de 10 heures à 2 heures. — *Télégraphes* (Administration des), rue de Grenelle, 103, au Ministère de l'Intérieur. — *Timbre impérial*, rue de la Banque, 11.

Amortissement (caisse d'), rue de Lille, 56. — *Archevêché* de Paris, rue de Grenelle-Saint-Germain, 127. — L'officialité est ouverte les lundis, mercredis et vendredis, de midi à 2 heures. — Le secrétariat est ouvert tous les jours non fériés, de midi à 3 heures. — *Archives* de l'Empire (Direction générale des), rue de Paradis, 20, au Marais. — *Arts et Manufactures* (Ecole centrale des), rue de Thorigny, 4. Institution patronée par le gouvernement, fondée en 1829. — *Arts et Métiers* (Conservatoire des), rue Saint-Martin, 292. — *Beaux-Arts* (Ecole impériale des), rue Bonaparte, 14.

FAMILLE RÉGNANTE

Napoléon III, Charles-Louis, empereur des Français, né le 20 avril 1808, du mariage de Louis-Napoléon, roi de Hollande, et de Hortense-Eugénie, son épouse, marié le 29 janvier 1853, à

Eugénie, Marie de Guzman de Montijo, comtesse de Téba, grande d'Espagne de 1re classe, impératrice des Français, née le 5 mai 1826. De ce mariage :

Napoléon Eugène-Louis-Jean-Joseph, prince impérial, né à Paris, le 16 mars 1856.

Mathilde Lœtitia Wilhelmine, née le 27 mai 1841, mariée au prince Anatole Demidoff de San Donato.

Napoléon Joseph-Charles-Paul, né le 9 septembre 1822, marié le 30 janvier 1858, à

Clotilde Marie-Thérèse-Louise de Savoie-Carignan, fille du roi de Sardaigne Victor-Emmanuel, née à Turin, le 2 mars 1843.

GOUVERNEMENT. — L'Empereur, au palais des Tuileries. — Le Sénat, au palais du Luxembourg, rue de Vaugirard, 23. Le Corps législatif, au palais Bourbon, rue de l'Université, 124. — Le Conseil d'État, rue de Lille, 62.

MINISTÈRES

Chaque ministre donne des audiences lorsqu'on en fait la demande par écrit, en désignant l'objet dont on désire l'entretenir. — *Ministère d'État et de la Maison de l'Empereur*, au Louvre, place du Carrousel et rue de Rivoli. — *Ministère des Affaires Étrangères*, quai d'Orsay et rue de l'Université, 130. Le bureau des passeports et des légalisations est ouvert tous les jours de la semaine, de 11 heures à 4 heures. — *Ministère de l'Agriculture, du Commerce et des Travaux Publics*, rue Saint-Dominique, 62. Bureaux ouverts les mardis et vendredis, de 2 heures à 4 heures. — *Ministère des Finances*, rue de Rivoli, 234. Caisses et Bureaux ouverts tous les jours de la semaine, de 10 heures à 4 heures. — *Ministère de la Guerre*, rue Saint-Dominique, 86. Bureaux ouverts les mardis et vendredis, de 2 heures à 5 heures. — *Ministère de l'Instruction publique et des Cultes*, rue de Grenelle-Saint-Germain, 110. Bureaux ouverts les jeudis, de 2 heures à 4 heures. — *Ministère de l'Intérieur*, place Beauvau (faubourg Saint-Honoré, 96). Bureaux, rue de la Ville-l'Évêque, 41. Les jeudis de 2 heures à 4 heures. Les chefs de division, les mardis, jeudis et samedis, de 2 heures à 4 heures. Bureaux de comptabilité, les lundis et jeudis, de midi à 3 heures. — *Ministère de la Justice*, place Vendôme, 13, et rue du Luxembourg, 36. Les vendredis, de 2 heures à 4 heures. Le bureau des légalisations est ouvert tous les jours, de midi à 2 heures. — *Ministère de la Marine*, rue Royale-Saint-Honoré, 2. Les jeudis, de 2 heures à 4 heures.

ADMINISTRATIONS PUBLIQUES

ET ENTREPRISES AU COMPTE DE L'ÉTAT.

Académies. — Française, — des Inscriptions et Belles-Lettres, — des Sciences, — des Beaux-Arts, — des Sciences morales et politiques. Ces cinq académies siègent au palais de l'Institut, quai Conti, 21. — *Académie* de Médecine, rue des Saints-Pères, 39. Les mardis, jeudis et vendredis, à midi, on vaccine gratuitement dans l'une des salles. — *Afrique* (direction des affaires d'), au ministère de la guerre, rue Saint-Dominique, 86. — Exposition permanente des produits de l'Algérie, rue de Grenelle-Saint-Germain, 107, ouverte tous les jeudis de midi à 4 heures ; on est admis au moyen de cartes d'entrée, délivrées sur demandes écrites. — *Agriculture et du Commerce* (direction de l'), rue de Varennes, 82.

Comptabilité centrale de l'Instruction publique et des Cultes (division de la), rue de Grenelle-Saint-Germain, 110. — *Crédit Foncier*, rue Neuve des Capucines, 19. — *Crédit Mobilier*, place Vendôme, 15. — *Cultes* (division de l'administration générale des), place Vendôme, 13. — *Dépôts et Consignations* (caisse des) , rue de Lille, 56. — *Faculté de Théologie catholique*, des sciences, des lettres, à la Sorbonne, 11. — *Gobelins et des Tapis de la Savonnerie* (Manufacture des), rue Mouffetard, 254. — On est admis à visiter la Manufacture avec un permis délivré par le Directeur, le mercredi et le samedi, de 2 heures à 4 heures en été, et de 1 heure à 3 heures en hiver.

Hospices civils.

Hospice de la Vieillesse (hommes), à Bicêtre, près de Gentilly. — Des Quinze-Vingts, rue de Charenton, 28. — De la Vieillesse (femmes), à la Salpétrière, boulevard de l'Hôpital. — Des Incurables (hommes), rue Popincourt, 58. — Des Incurables (femmes), rue de Sèvres, 42. — Des Enfants-Trouvés et des Orphelins réunis, rue d'Enfer, 100. — Des Ménages, rue de la Chaise, 28. — De la Rochefoucauld, au Petit-Montrouge, route d'Orléans, 15. — De Villars, rue du Regard, 17. — Institution de Sainte-Périne, rue Jouvenel, à Auteuil. — Maison municipale de santé, rue du Faubourg-Saint-Denis, 200.
Imprimerie impériale, rue Vieille-du-Temple, 87. — Pour visiter l'imprimerie, il suffit d'en faire la demande par écrit au Directeur.

Instruction publique (Etablissements d')

Ecole normale supérieure, rue d'Ulm, 45. — *Lycées et collèges*. — Collége de France, rue des Ecoles. — Lycée Louis-le-Grand, rue Saint-Jacques, 123 (succursale à Vanves). — Lycée Napoléon, rue Clovis, 23. — Lycée Saint-Louis, boulevard Sébastopol, 74. — Lycée Charlemagne, rue Saint-Antoine, 120. — Lycée Bonaparte, rue Caumartin, 65. — Collége Stanislas, rue Notre-Dame-des-Champs, 22. — Collège Rollin, rue des Postes, 42. — Collège Chaptal, rue Blanche, 20. — Collège Sainte-Barbe, place du Panthéon (succursale à Fontenay-aux-Roses). — *Maisons impériales d'éducation*. — Institution des Sourds-Muets, rue Saint-Jacques, 256. — Institution des Jeunes-Aveugles, boulevard des Invalides, 56. — Ecole impériale vétérinaire, à Alfort.

LES SOUVERAINS DE L'EUROPE

Il y a actuellement en Europe quarante-trois souverains *régnants*. De ces quarante-trois souverains, onze appartiennent à la religion catholique romaine ; trente sont de la religion réformée dite évangélique ; un est grec orthodoxe et un mahométan ; le quarante-troisième, c'est Notre-Saint-Père le Pape, dont voici les armes :

Les catholiques sont : deux empereurs, ceux d'Autriche et des Français ; cinq rois : de Bavière, des Belges, d'Espagne (reine), de Portugal et de Saxe. Deux princes : de Lichtenstein et de Monaco.

Les trente réformés évangéliques sont huit rois : d'Angleterre (reine), de Prusse, de Suède et Norvége, de Danemark, des Pays-Bas, de Hanovre, de Grèce et de Wurtemberg. Six grands-ducs : de Bade, de Hesse-Darmstadt, de Mecklembourg-Schwerin, de Mecklembourg-Strélitz, d'Oldenbourg et de Saxe-Weimar. Sept ducs : d'Anhalt, de Brunswick, de Nassau, de Saxe-Meiningen, de Saxe-Altenbourg, de Saxe-Cobourg et de Schleswig-Holstein. Neuf princes : de Lippe-Detmold, de Lippe-Schaumbourg, de Reuss-Greiz, de Reuss-Schleiz, de Schwarsbourg-Rudolstadt, de Schwarzbourg-Sondershausen et de Waldeck. Un électeur : de Hesse-Cassel. Un landgrave : de Hesse-Hombourg.

Le souverain grec orthodoxe est l'empereur de Russie, et le souverain musulman celui de Turquie. Il y a en outre encore sept républiques en Europe ; deux exclusivement catholiques : San-Marino et Val d'Andorre, et cinq où la presque majorité des habitants appartient au protestantisme : la Suisse, Hambourg, Brême, Francfort et Lubeck.

LES ÉGLISES DE PARIS

ÉGLISES PAROISSIALES

Eglise Saint-Ambroise, rue Saint-Ambroise, 2.—Saint-André, cité d'Antin, 29. — De l'Annonciation, rue de l'Eglise, *Passy*. — Saint-Antoine, rue de Charenton, 28. — Assomption (de l'), rue Saint-Honoré, 261. — Saint-Augustin, rue la Pépinière, 24. — Sainte-Clotilde, place de Bellechasse. — Saint-Denis, Grande-Rue, *la Chapelle*. — Saint-Denis-du-Saint-Sacrement, rue Saint-Louis-au-Marais, 50. — Sainte-Elisabeth, rue du Temple, 193. — Saint-Eloi, rue de Reuilly. — Saint-Etienne-du-Mont, à l'extrémité de la rue de la Montagne-Sainte-Geneviève. — Saint-Eugène, rue Sainte-Cécile. — Saint-Eustache, rue du Jour et rue Montmartre. — Saint-Ferdinand, rue Saint-Ferdinand, *les Ternes*. — Saint-François-Xavier, rue du Bac, 128. — Saint-Germain-l'Auxerrois, place Saint-Germain-l'Auxerrois. — Saint-Germain-l'Auxerrois, place de la Mairie, *Charonne*. — Saint-Germain-des-Prés, rue Bonaparte. — Saint-Gervais, rue Jacques-de-Brosse. — Saint-Jacques-du-Haut-Pas, rue Saint-Jacques, 252. — Saint-Jacques et Saint-Christophe, place de l'Hôtel-de-Ville, *la Villette*. — Saint-Jean-Baptiste, rue de Paris, *Belleville*. — Saint-Jean-Baptiste, rue des Entrepreneurs. — Saint-Jean-Saint-François, rue Charlot, 6 *bis*. — Saint-Joseph, rue Corbeau, 26. — Saint-Lambert, place de l'Église, *Vaugirard*. — Saint-Laurent, boulevard de Strasbourg. — Saint-Leu-Saint-Gilles, rue Saint-Denis, 180.— Saint-Louis-d'Antin, rue de Caumartin, 63

— Saint-Louis-en-L'Ile, rue Saint-Louis.— Madeleine (la), place de la Madeleine. — Saint-Marcel, route de Fontainebleau. — Saint-Marcel, boulevard de l'Hôpital, 70. — Sainte-Marguerite, rue Saint-Bernard, 28. — Sainte-Marie, rue de l'Église, *Batignolles*. — Saint-Martin, rue des Marais-Saint-Martin, 38. — Saint-Médard, rue Mouffetard, 139. — Saint-Merry, rue Saint-Martin, 78. — Saint-Michel, avenue de Saint-Ouen, *Batignolles*. — Saint-Nicolas-du-Chardonnet, rue des Bernardins, 35. — Saint-Nicolas-des-Champs, rue Saint-Martin, 270 *bis*. — Notre-Dame, place d'Aguesseau. — Notre-Dame, rue du Commerce, *Bercy*. — Notre-Dame-des-Blancs-Manteaux, rue des Blancs-Manteaux, 14. — Notre-Dame de Bonne-Nouvelle, rue de la Lune, 23 *bis*.—Notre-Dame-des-Champs, rue de Rennes. — Notre-Dame-de-Lorette, rue Olivier, en face la rue Laffite. — Notre-Dame de Paris, place du Parvis-Notre-Dame. — Notre-Dame-des-Victoires ou des Petits-Pères, place des Petits-Pères.— Saint-Paul-Saint-Louis, rue Saint-Antoine, 120. — Saint-Philippe-du-Roule, rue du Faubourg-Saint-Honoré, 152 *bis*. — Saint-Pierre, rue Saint-Denis, *Montmartre*. — Saint-Pierre. place de l'Église, *Montrouge*. — Saint-Pierre-de-Chaillot, rue de Chaillot, 50. — Saint-Pierre-du-Gros-Caillou, rue Saint-Dominique, 168. — Saint-Roch, rue Saint-Honoré, 298. — Saint-Séverin, rue des Prêtres-Saint-Séverin. — Saint-Sulpice, place Saint-Sulpice. — Saint-Thomas-d'Aquin, place Saint-Thomas-d'Aquin. — Trinité (de la), rue de Clichy, 26. — Saint-Vincent-de-Paul, place Lafayette.

☨

ÉPISCOPAT FRANÇAIS

Les cardinaux ont le premier rang ; ils suivent l'ordre de leur promotion au cardinalat.
Les archevêques ont le second rang ; ils suivent l'ordre de

leur promotion à l'archiépiscopat, sans égard à l'année de leur sacre.

Les évêques ont le troisième rang; ils suivent l'ordre de leur sacre.

†

CARDINAUX FRANÇAIS — LL. Ém. Messeigneurs :

Le cardinal de Bonald, archevêque de Lyon, — Le cardinal Mathieu, archevêque de Besançon. — Le cardinal Gousset, archevêque de Reims. — Le cardinal Donnet, archevêque de Bordeaux. — Le cardinal Billiet, archevêque de Chambéry. — Le cardinal de Bonnechose, archevêque de Rouen.

Messeigneurs les Archevêques :

Sens, Joly, 1843. — Rouen, Blanquart de Bailleul, ancien archevêque, 1844. — Cambrai, Régnier, 1850. — Tours, Guibert, 1857. — Aix, Chalandon, 1857. — Rennes, Brossais-Saint-Marc, 1858. — Toulouse, Desprez, 1859. — Auch, Delamarre, 1861. — Paris, Darboy, 1863. — Avignon, Dubreuil, 1863. — Alby, Lyonnet, archevêque nommé.

Messeigneurs les Évêques :

Ajaccio, Casanelli d'Istria, 1833. — Clermont, Féron, 1834. Arras, Parisis, 1834. — Coutances, Robiou (ancien évêque), 1835. — Autun, de Marguerie, 1836. — Bayonne, Lacroix, 1837. — Tarentaise, Turinaz, 1838. — Dijon, Rivet, 1838. — Meaux, Allou, 1838. — Verdun, Rossat, 1839. — Strasbourg, Rœss, 1841. — Saint-Jean de Maurienne, Vibert. 1841. — Agen, de Vesins, 1841. — Beauvais, Gignoux, 1842. — Angers, Angebault, 1842. — Tulle, Berteaud, 1842. — Metz, Dupont des Loges, 1843. — Séez, Rousselet, 1844. — Montauban, Doney, 1844. — Tarbes, Laurence, 1845. — Luçon, Baillès (ancien évêque), 1845. — Laval, Wicart, 1845. Alger, Pavy, 1846. — Pamiers, Allouvry (ancien évêque), 1846. — Nevers, Forcade, 1847. — Digne, Meirieu, 1849. — Saint-Dié, Caverot, 1849. — Nantes, Jacquemet, 1849. — Mende, Foulquier, 1849. — Poitiers, Pie, 1849. — Orléans, Dupanloup, 1849. — Moulins, de Dreux-Brézé, 1850. — Angoulême, Cousseau, 1850. — Basse-Terre, La Carrière (ancien évêque), 1851. — Blois, Pallu-Duparc, 1851. — Versailles, Mabile, 1851. — Valence, Lyonnet, 1852. — Langres, Guerrin, 1852. — Chartres, Regnault, 1852. — Grenoble, Gi-

4.

nouilhac, 1853. — Quimper, Sergent, 1855. — Carcassonne, de la Bouillerie, 1855. — Nîmes, Plantier, 1855. — Rodez, Delalle, 1855. — Fréjus, Jordany, 1856. — Amiens, Boudinet, 1856. — La Rochelle, Landriot, 1856. — Bayeux, Didiot, 1856. — Belley, Géraud de Langalerie, 1857. — Viviers, Delcusy, 1857. — Saint-Denis, Maupoint, 1857. — Saint-Flour, de Pompignac, 1857. — Nice. Sola, 1858. — Le Mans, Fillion, 1858. — Evreux, Devoucoux, 1859. — Pamiers, Bellaval, 1858. — Aire, Epivent, 1859. — Limoges, Fruchaud, 1859. — Troyes, Ravinet, 1861. — Annecy, Magnin 1861. — Montpellier, Lecourtier, 1861. — Marseille, Place, 1865. — Luçon, Collet, 1861. — Basse-Terre, Boutonnet, 1862. — Gap, Bernadou, 1862. — Saint-Claude, Nogret, 1862. — Saint-Brieuc, David, 1862. — Coutances, Bravard, 1862. — Nancy, de la Vigerie, 1863. — Le Puy, Creton, 1863, — Périgueux, Dabert, 1864. Cahors. Peschoud, 1863. — Soissons, Dours, 1864. — Vannes, Gazailhan, 1864. — Châlons, Meignan, évêque nommé, 186. — Perpignan, Ramadié, évêque nommé, 186. — Valence, Gueulette, évêque nommé, 186. — Saint-Pierre et Fort-de-France, siége vacant.

†

CLERGÉ SÉCULIER du DIOCÈSE de PARIS

Monseigneur Darboy (Georges). — Né à Fayl-Billot (Hte Marne), le 16 janvier 1813, nommé évêque de Nancy le 36 août 1859, préconisé le 26 septembre, sacré à Paris le 10 novembre; nommé archevêque de Paris le 10 janvier 1863, institué le 16 mars, a pris possession le 22 avril de la même année; nommé le 8 janvier 1864 grand aumônier de l'Empereur et primicier du chapitre impérial de Saint-Denis.

Vicaires généraux. — MM. *Surat*, archidiacre de Notre-Dame. — *Veron*, archidiacre de Sainte-Geneviève. — *Lagarde*, archidiacre de Saint-Denis. — *Caval*, supérieur du séminaire Saint-Sulpice. — *Icard*, directeur du séminaire Saint-Sulpice. — *Bautain*, chanoine honoraire. — *Jourdan*, promoteur diocésain.

Secrétariat. — MM. *Petit*, secrétaire général de l'archevêché. — *Pelgé*, secrétaire de l'archevêché, archiviste. — *De Cabanoux*, secrétaire de l'archevêché. — *Allain*, secrétaire de l'archevêché. — *De Cuttoli*, chanoine titulaire, secrétaire particulier de Monseigneur.

OFFICIALITÉ MÉTROPOLITAINE. — MM. *Gaume*, chanoine titulaire, official. — *Hiron*, chanoine honoraire, curé de Saint-Jacques, promoteur. — *De Cabanoux*, greffier.

OFFICIALITÉ DIOCÉSAINE. — MM. *Surat*, vicaire général, official. — *Bour*, chanoine titulaire, vice-official. — *Jourdan*, vicaire-général, promoteur.

ASSESSEURS. — MM. *Dedoue*, chanoine titulaire. — *Lequeux*, chanoine titulaire. — *Faudet*, chanoine honoraire, curé de Saint-Roch. — *De Rolleau*, chanoine honoraire, curé de Notre-Dame-de-Lorette. — *Allain*, greffier.

—

CHAPITRE IMPÉRIAL DE S.-DENIS. — Mgr Darboy, primicier du chapitre impérial de Saint-Denis.

CHANOINE DU PREMIER ORDRE (ordre des évêques). — Nosseigneurs : Robiau de Trahonnais ✻, ancien évêque de Coutances; Lacarrière, ancien évêque de la Basse-Terre (Guadeloupe); Sibour ✻, évêque de Tripoli; Blancart de Bailleul, C.✻, ancien archevêque de Rouen; Maret, O. ✻, évêque de Sura; Jancart, évêque de Térame; de Ségur, ancien auditeur de Rote; Coquereau, C. ✻, aumônier en chef de la flotte.

CHANOINE DU SECOND ORDRE. — MM. Grivel; Moret ✻; Montera ✻; Cresp, O. ✻, trésorier; Audibert ✻; Villette; Fauveau; Vébert de Luzy de Pélissac; Doussot; Delon; Cœur ✻; Guesnier; Jacquemet; Hugon; Coquereau (Aug.); Castiang; Dauphin.

CHANOINE HONORAIRE DU PREMIER ORDRE. — Mgr Tirmarche ✻ évêque d'Adras, 2ᵉ aumônier de l'empereur.

CHANOINES HONORAIRES DU SECOND ORDRE. — MM. Lelong, ancien aumônier; Martin de Noirlieu, curé de Saint-Louis-d'Antin, à Paris; Blanquart de la Motte, vicaire général honoraire de Rouen; de La Tour ✻, ancien vicaire général de Bordeaux; Mullois ✻, Versini, Liabeuf, Laine ✻, chapelains de l'Empereur; Oui-la-Croix ✻, secrétaire général de la grande Aumônerie; de Cuttoli, maître de cérémonies de la chapelle impériale.

PRÊTRES ATTACHÉS AU CHAPITRE. — MM. Acloque; Boulay.

TARIF des VOITURES PUBLIQUES

VOITURES de REMISE (*Numéros Rouges*) prises sous remise	TARIF de JOUR		TARIF de NUIT	
	la Course	l'Heure	la Course	l'Heure
à 2 ou 3 Places...	1 80	2 25	3 » »	3 » »
à 4 ou 5 Places...	2 » »	2 50	3 » »	3 » »
VOITURES (Place ou Remise) (*N^{os} Jaunes ou Rouges*) prises sur la voie publique				
à 2 ou 3 Places...	1 50	2 » »	2 25	2 50
à 4 ou 5 Places...	1 70	2 25	2 50	2 75

TARIF de l'HEURE INACHEVÉE par 5 Minutes.

Ce supplément de prix s'ajoute au prix des heures entières qu'on a à régler pour donner la somme totale à payer.

	Heure à 2 fr.	Heure à 2.25	Heure à 2.50	Heure à 2.75	Heure à 3 fr.
5 Minutes.........	0.20	0.20	0.25	0.25	0.25
10 —	0.35	0.40	0.45	0.50	0.50
15 —	0.50	0.60	0.65	0.70	0.75
20 —	0.70	0.75	0.85	0.95	1 » »
25 —	0.85	0.95	1.05	1.15	1.25
30 —	1 » »	1.15	1.25	1.40	1.50
35 —	1.20	1.35	1.50	1.60	1.75
40 —	1.35	1.50	1.70	1.85	2 » »
45 —	1.50	1.70	1.90	2 10	2.25
50 —	1.70	1 90	2.10	2.30	2.50
55 —	1.85	2.10	2.30	2.55	2.75

1. — Le nouveau Tarif fixe le prix le plus élevé que les cochers puissent réclamer. — Le marchandage est admis, c'est-à-dire, la convention d'un prix inférieur, arrêtée d'accord avec le cocher.

2. — A prix non débattu, le Tarif s'applique de droit.

3. — Il faut avoir soin, en prenant une voiture, de dire au cocher s'il marche à l'heure ou à la course.

4. — Les voitures de remise sont marquées de numéros rouges, les voitures de place de numéros jaunes.

5. — Toutes les voitures que l'on prend sur la voie publique, soit de place, soit de remise, sont comprises dans la même catégorie de prix.

6. — Les voitures de remise (n°ˢ rouges) *prises sous remise* ou *commandées*, sont au tarif le plus élevé.

7. — Le nombre de chevaux des voitures ne fait pas varier leur tarif, mais seulement leur nombre de places.

8. — Quand on prend les voitures à l'heure, la première heure se paie toujours entière, l'heure inachevée se paie par fractions de cinq minutes.

9. — Hors des fortifications, bois de Boulogne et Vincennes, les voitures ne marchent qu'à l'heure, au tarif de nuit.

10. — Si l'on quitte sa voiture hors des fortifications, il est dû, pour indemnité de retour, 2 fr. pour les voitures prises sous remise ; 1 fr. pour les autres.

11. — On paie 25 cent. par colis de bagages, en sus des prix fixés ; mais, quel que soit le nombre des colis, ce supplément ne peut dépasser 75 centimes.

12. — Le tarif de nuit s'applique de minuit et demi à 6 heures du matin en été (Avril à Septembre) ; de minuit et demi à 7 heures du matin en hiver (Octobre à Mars).

13. — La course ou l'heure commencée avant minuit et demi se paie au tarif de jour.

14. — Le cocher est tenu de marcher au trot et de faire environ 8 kilomètres à l'heure.

15. — On fera bien, en cas de plainte ou de réclamations, de garder les numéros des voitures que les cochers sont tenus de vous offrir.

16. — Il est d'usage, mais non d'obligation, de donner aux cochers un pourboire de 20 à 25 c. par course ou par heure.

OMNIBUS.

Prix des places. — Les tarifs du prix des places sont fixés à 30 centimes par personne pour les places d'intérieur, et à 15 centimes pour les places de banquettes extérieures.
— Les sous-officiers et soldats en uniforme ont droit aux places d'intérieur en payant 15 centimes, avec correspondance. — Les enfants au-dessus de quatre ans paieront place entière. — Les enfants au-dessous de cet âge seront tenus sur les genoux des personnes qui les accompagneront, à moins que leur place ne soit payée.

Itinéraire des Omnibus.

Ligne **A** D'Auteuil au Palais-Royal.
— **B** De Chaillot à la gare de Strasbourg.
— **C** De Courbevoie au Louvre.
— **D** Des Ternes au boulev. des Filles-du-Calvaire.
— **E** De la Madeleine à la Bastille.
— **F** De Monceaux à la Bastille.
— **G** De Batignolles au Jardin des Plantes.
— **H** De Clichy à l'Odéon.
— **I** De Montmartre à la Halle aux vins.
— **J** De la place Pigalle à la Glacière.
— **K** De La Chapelle au Collége de France.
— **L** De La Villette à Saint-Sulpice.
— **M** De Belleville aux Ternes.
— **N** De Belleville à la place des Victoires.
— **O** De Ménilmontant à la chaussée du Maine.
— **P** De Charonne à la place d'Italie.
— **Q** De la place du Trône au Palais-Royal.
— **R** Ex-bar. Charenton à Saint-Philippe-du-Roule.
— **S** De Bercy au Louvre.
— **T** De la gare d'Ivry au square Montholon.
— **U** De Bicêtre à la Pointe Saint-Eustache.
— **V** Du Maine au Chemin de fer du Nord.
— **X** De Vaugirard à la place du Havre.
— **Y** De Grenelle à la Porte Saint-Martin.
— **Z** De Grenelle à la Bastille.
— **AB** De Passy à la Bourse.
— **AC** De la Petite-Villette aux Champs-Élysées.
— **AD** Du Château-d'Eau au pont de l'Alma.
— **AE** De l'av. de Vincennes aux Arts-et-Métiers.
— **AF** Du Panthéon à la place de Courcelles.
— **AG** De Montrouge au chemin de fer de l'Est.

OMNIBUS SUR RAILS (voie ferrée), place de la Concorde.

CHEMINS DE FER.

Nota. — Les heures de départ des trains pouvant varier, nous nous abstenons de les indiquer, afin d'éviter des erreurs.

Nous engageons le public à se procurer, de préférence à tous autres, le journal le *Train*, indicateur spécial des chemins de fer, le plus complet et le plus exact de tous les journaux de ce genre ayant paru jusqu'à ce jour, donnant séparément chaque ligne de chemins de fer. — Le journal le *Train* se vend sur la voie publique par tous les marchands de journaux stationnaires et chez tous les libraires. Prix : 15 centimes.

Chemin de fer de l'Ouest.

Gare rue d'Amsterdam, 9 (ligne de Normandie); — *Gare* boulevard du Montparnasse, 44 (ligne de Bretagne). — *Banlieue.* Saint-Germain, Argenteuil, Auteuil, Versailles (rive droite. — Versailles (rive gauche). — *Omnibus.* — Des Omnibus conduisent les Voyageurs des gares Saint-Lazare et Montparnasse dans les différents quartiers de la ville, *et vice versa.* — *Gare Saint-Lazare :* Place de la Bourse; — boulevard Bonne-Nouvelle, 14 (porte Saint-Denis); — *Pointe Saint-Eustache; — rue du Bouloi, 7 et 9; — *place du Palais-Royal, 2 ; — place Saint-André-des-Arts, 9. — Prix des places : 25 centimes. — *Gare Montparnasse :* — Place de la Bourse; — *place du Palais-Royal, 2; — rue St-Martin, 326 (hôtel du Plat-d'Etain); — rue de Rivoli, 44; — *place Saint-André-des-Arts, 9; — rue Royale-Saint-Honoré, 24. — Prix des places : 30 centimes
Place de la Bourse et rue du Bouloi 20 centim.

A ces bureaux (ceux marqués * exceptés), on délivre des billets de chemin de fer pour les stations de banlieue. — Les trains de minuit ne sont desservis que par les voitures partant du bureau boulevard Bonne-Nouvelle, pour les lignes d'Auteuil, Versailles (rive droite) et Saint-Germain.

Chemin de fer d'Orléans.

Gare boulevard de l'Hôpital, 7. — *Banlieue.* — *Gare* boulevard d'Arcueil, ancienne barrière d'Enfer.

SCEAUX ET ORSAY.

Bureaux de voyageurs dans Paris. — Rue Saint-Honoré, 130, ancien hôtel des Messageries générales ; — rue Notre-Dame-des-Victoires, 28, ancien hôtel des Messageries impériales ; — rue de Clichy, 19; — rue Drouot, 2;

rue Notre-Dame-de-Nazareth, 30; — rue du Bac, 121; — place Saint-Sulpice, 5. — Dans ces bureaux, on délivre des billets et on enregistre des bagages pour les trains partant de Paris aux voyageurs qui viennent y prendre les omnibus réguliers pour se rendre à la gare.

Bureaux de factage dans Paris. — Rue Saint-Honoré, 130, ancien hôtel des Messageries générales; — rue Notre-Dame-des-Victoires, 28, ancien hôtel des Messageries impériales; — rue de Clichy, 17, — rue Drouot, 2; — rue de Clichy, 19; — rue de Chabrol, 53; — boulevard Sébastopol, 34; — rue Notre-Dame-de-Nazareth, 30; — rue du Bac, 121; — place Saint-Sulpice, 6.

Tarif des Omnibus réguliers dans Paris

Les Voyageurs doivent se trouver aux bureaux des omnibus 55 minutes avant l'heure du train par lequel ils partent.

Voyageurs. — Par Voyageur pris ou amené à un point quelconque sur l'itinéraire régulier de l'omnibus, le jour, 30 centimes; la nuit, 50 c.

Par Voyageur conduit à domicile, en tant que ce domicile est dans une rue joignant celle que parcourt l'omnibus dans son itinéraire régulier, le jour ou la nuit, 80 c.

Nota. — Les omnibus réguliers desservant les trains arrivant à Paris de 6 heures du matin à minuit, ne transportent pas les voyageurs à domicile.

Bagages. — Pour 30 kilog. et au-dessus, quel que soit le nombre de colis, le jour, 25 c.; la nuit, 50 c.

Au-dessus de 30 kilogr. jusqu'à 60 kilog. inclus, le jour, 50 c.; la nuit, 75 c.

Au-dessus de 60 kilog. jusqu'à 90 kilog. inclus, le jour, 75 c.; la nuit, 1 fr.

Au-dessus de 80 kilog et par fraction indivisible de 30 kilog., de jour ou de nuit, 25 c.

Chemin de fer de Lyon.

Gare, boulevard Mazas.

Bureaux succursales à Paris. — Rue Neuve-des-Mathurins, 44; — rue Rossini, 1; — rue Coq-Héron, 6; — boulevard de Strasbourg, 5 et 7; — rue de Rambuteau, 6, bureau central; — rue Bonaparte, 59.

Chemin de fer de l'Est.

Gare rue et place de Strasbourg. — *Banlieue.* — *Gare*, place de la Bastille.

VINCENNES ET LA VARENNE-SAINT-MAUR.

Bureaux dans Paris. — Bureau central, n° 1, — rue du Bouloi, 7 et 9 (anciennes Messageries Jumelles). — Bureau central, n° 2, — boulevard Sébastopol, 34 (ancien 42), et rue Quincampoix, 47 et 49. — Bureau central, n° 3, — place de la Bastille (gare du chemin de fer de Vincennes). — Bureau central, n° 4, — place Saint-Sulpice, 6. — Bureau central, n° 5, — rue Basse-du-Rempart, 50 (boulevard des Capucines), près du Grand-Hôtel.

Chemin de fer du Nord.

Gare place de Roubaix, rue de Dunkerque, 18.

Bureaux des Omnibus spéciaux dans Paris. — Bureaux pour Voyageurs et messageries : — Boulevard de Sébastopol, 33 ; — place de la Bourse, 6 ; — rue Charlot, 3 ; — rue Saint-Martin, 326 ; — rue Bonaparte, 50 ; — gare du Nord. — Bureaux pour Voyageurs seulement : — Rue de Rivoli, 228 (hôtel Meurice) ; — rue de Rivoli, 170 (hôtel des Trois-Empereurs) ; — rue Saint-Honoré, 214 (hôtel de Lille et d'Albion) ; — rue de l'Arcade, 17 (hôtel Bedford) ; — boulevard des Capucines (Grand-Hôtel).

MAISON ARTISTIQUE

La *Maison Artistique*, un des Établissements de Musique et de Pianos les plus recommandables de Paris, a été fondée dans le but de faciliter, aux Artistes musiciens ainsi qu'aux amateurs, l'achat d'un excellent **Piano-D'Aubel** au moyen d'une combinaison aussi simple qu'ingénieuse. En donnant tous les mois, ou tous les trimestres, une somme convenue d'avance, on amortit en deux ou trois ans le prix de l'instrument.

Spécialité d'Édit. Classiq. pour Piano. — PARIS, 8, r. Olivier.

ENVIRONS DE PARIS

Antony, fête le deuxième dimanche de mai. — Voitures, rue Mazarine, 35. — Chemin de fer de Sceaux, gare boulevard Saint-Jacques.

Arcueil, à 7 kilomètres de Paris, 2,700 habitants. — Fête le dimanche qui suit la Saint-Denis (9 octobre). — Voitures, rue Christine, 4. — Chemin de fer de Sceaux, gare boulevard Saint-Jacques.

Argenteuil, à 14 kilomètres de Paris, 4,500 habitants. — Chemin de fer d'Argenteuil, gare rue Saint-Lazare, 124.

Asnières, à 7 kilomètres de Paris; 1,280 habitants. — Fête le jour de l'Assomption (15 août). — Chemin de fer de Saint-Germain, gare rue Saint-Lazare, 124.

Aubervilliers, fête le jour de Saint-Christophe. — Omnibus ligne L.

Bagnolet, fête le premier dimanche de septembre.

Bellevue, à 11 kilomètres de Paris; 450 habitants. — Chemin de fer de Versailles (rive gauche), gare boulevard du Montparnasse.

Bicêtre (hospice de). — Omnibus ligne U.

Bonneuil, fête le premier dimanche de juillet. — Voitures, rue du Petit-Musc, 35.

Bougival, à 14 kilomètres de Paris; 1,600 habitants. — Fête le 15 août. — Voitures, rue du Bouloi, 21.

Boulogne-sur-Seine, fête le premier dimanche de juillet, dure quinze jours. — Voitures, rue du Bouloi, 9. — Chemin de fer, gare rue Saint-Lazare, 124.

Bourg-la-Reine, fête le premier et deuxième dimanche de septembre. — Voitures, rue Dauphine, 30, dans le passage. — Chemin de fer de Sceaux, gare boulevard d'Arcueil.

Cachan, fête le dimanche qui précède l'Ascension, dure trois jours. — Voitures, rue Christine, 4. — Chemin de fer de Sceaux, boulevard d'Arcueil.

Champigny, à 14 kilomètres de Paris; 1,610 habitants. — Fête le dimanche et le lundi de la Trinité. — Voitures, rue Amelot, 2.

Charenton-le-Pont, au confluent de la Marne ; et à côté l'un de l'autre se trouvent deux villages du même nom. — Fête le premier dimanche après la Saint-Fiacre. — Voitures, rue du Petit-Musc, 35, et rue Saint-Paul, 38. — Chemin de fer de Lyon, gare boulevard Mazas.

Chatenay, fête le premier dimanche d'août. — Chemin de fer de Sceaux, gare boulevard d'Arcueil.

Chatillon, à 8 kilomètres de Paris; 1,500 habitants. — Fête le premier dimanche de mai. — Voitures, rue de Grenelle-Saint-Honoré, 45.

Chevilly, fête le jour de Sainte-Marguerite (20 juillet) et le lendemain. — Voitures, rue Christine, 4.

Choisy-le-Roi, à 11 kilomètres de Paris; 8,000 habitants. — Fête le dimanche après la Saint-Louis (25 août). Voitures, rue des Deux-Ecus, 23. — Chemin de fer d'Orléans, gare boulevard de l'Hôpital, 7.

Clamart, fête le jour de la Saint-Pierre et les deux dimanches qui suivent. — Voitures, rue Tirechappe, 7 et 9. — Chemin de fer Versailles (*rive gauche*), gare boulevard du Montparnasse.

Clichy-la-Garenne, fête le dimanche après la Saint-Médard (8 juin). — Omnibus, ligne G, du Jardin des Plantes à Batignolles, où l'on trouve des voitures qui conduisent à Clichy pour 20 centimes.

Cloud (Saint-), fête les trois dimanches après le 7 sept.

Colombes, fête le dimanche après le 4 juillet. — Chemin de fer de Saint-Germain, gare rue Saint-Lazare, 124.

Courbevoie, fête les deux premiers dimanches de juillet. — Voitures, rue Tirechappe, 7 et 9. — Omnibus, ligne C. — Chemin de fer de St-Cloud, gare rue St-Lazare, **124**.

Denis (Saint-), fête le jour de Saint-Denis (9 octobre) et les deux dimanches suivants. — Voitures, rue d'Enghien, 4, et boulevard de Clichy, 58. — Chemin de fer du Nord, gare rue de Dunkerque, 18.

Ecouen. Voitures, rue d'Enghien, 2. — Chemin de fer du Nord, gare rue de Dunkerque, 18.

Enghien, à 15 kilomètres de Paris ; 600 habitants. — Chemin de fer du Nord, gare rue de Dunkerque, 18.

FLEURY-SOUS-MEUDON, fête le dernier dimanche de juillet et le premier dimanche d'août. — Chemin de fer de Versailles (*rive gauche*), gare boulevard du Montparnasse.

FONTAINEBLEAU, fête le dimanche après la Saint-Louis (25 août), dure deux jours.

Chemin de fer de Lyon, gare boulevard Mazas.

FONTENAY-AUX-ROSES. — Fête le dimanche après le 16 juillet. — Voitures, rue de Grenelle-Saint-Honoré, 45 ; — rue Christine, 12. — Chemins de fer de Sceaux, gare boulevard d'Arcueil.

FONTENAY-SOUS-BOIS. — Fête le premier dimanche d'août. — Voitures, rue Saint-Martin, 300.

GENTILLY, fête le deuxième dimanche de mai.

GERMAIN-EN-LAYE (SAINT-), fête le premier dimanche de septembre.

Voitures, rue du Bouloi, 24. — Chemin de fer de Saint-Germain, gare rue Saint-Lazare, 124.

GONESSE, fête le dimanche de la Pentecôte. — Voitures, rue d'Enghien, 2.

GOURNAY. Voitures, rue d'Enghien, 2

HARNOUVILLE. Voitures, rue d'Enghien, 2.

HAI (L'). Voitures, rue Christine, 4.

ILE SAINT-DENIS, fête le 24 juin et le dimanche suivant. — Voitures, rue d'Enghien, 2, et boulevard de Clichy,

IVRY, fête le premier dimanche de mai. — Voitures, rue Tirechappe, 7 et 9.

JOINVILLE-LE-PONT. Fête le dimanche le plus près de la Saint-Gervais (19 juin). — Chemin de fer de Vincennes.

LAVARENNE. — Chemin de fer de l'Est, gare place de la Bastille.

LOGES (LES), dans la forêt de Saint-Germain, fête le premier dimanche de septembre, dure trois jours. — Chemin de fer de Saint-Germain, gare rue Saint-Lazare, 124. — Voitures, à Saint-Germain-en-Laye.

LONGJUMEAU, fête les premier et deuxième dimanches de juillet. — Voitures, rue Mazarine, 35.

MAISON-BLANCHE (LA), fête du 26 mai au 12 juin. — Omnibus ligne U.

Maison-Alfort, à 7 kilomètres de Paris; 1,700 habitants. — Fête le premier et le deuxième dimanche d'octobre. — Voitures, rue Saint-Paul, 38.

Mandé (Saint-), fête le premier dimanche après la Saint-Pierre (29 juin). — Omnibus ligne Q, du Palais-Royal à la place du Trône. — Chemin de fer de Vincennes, gare place de la Bastille.

Marly, à 15 kilomètres de Paris. — Fête le dimanche après la Saint-Louis (25 août). — Voitures, rue du Bouloi, 24. — Chemin de fer de Saint-Germain, gare rue Saint-Lazare, 124.

Maur (Saint-), fête le dimanche qui suit la Saint-Jean (24 juin). Voitures, rue Saint-Martin, 326, impasse de la Planchette, 3, et rue du Bouloi, 22. — Chemin de fer de l'Est, gare place de la Bastille.

Meudon, fête les premier et deuxième dimanches de juillet. Chemin de fer de Versailles (rive gauche), gare boulevard du Montparnasse.

Montmorency, à 17 kilomètres de Paris. — Fête le jour de Sainte-Madeleine (22 juillet), et les deux dimanches suivants. — Voitures, rue d'Enghien, 2. — Chemin de fer du Nord, rue de Dunkerque, 18.

Montreuil, fête le premier dimanche après la Saint-Pierre (29 juin). — Voitures, rue Saint-Paul, 38, au Marais.

Nanterre. — Fête le dernier dimanche de mai. Le lendemain, couronnement d'une rosière. — Voitures, rue Tirechappe, 7 et 9, et rue du Bouloi, 24. — Chemin de fer de Saint-Germain, gare rue Saint-Lazare, 124.

Neuilly-sur-Seine, à 7 kilomètres de Paris, voisinage du Bois de Boulogne. — Fête le dimanche après la Saint-Jean. — Voitures, rue Tirechappe, 7 et 9, et rue du Bouloi, 24.

Nogent-sur-Marne. — Fête le jour de la Pentecôte. — Voitures, rue Saint-Martin, 300 et impasse de la Planchette, 3. — Chemin de fer de l'Est, gare place de la Bastille.

Noisy-le-Grand. Voitures, rue Saint-Martin, 300, et impasse de la Planchette, 3.

Noisy-le-Sec, fête le dimanche de la Trinité. — Voitures, rue Saint-Martin, 326, impasse de la Planchette, 3. — Chemin de fer de l'Est, gare rue et place de Strasbourg.

Ormesson. Voitures, rue Amelot, 2.

Ouen (Saint-), fête le dimanche après la Saint-Louis (25 août). — Voitures, Grande-Rue, aux Batignolles, 52, et boulevard de Clichy.

Palaiseau, fête le dernier dimanche d'août. — Chemin de fer de Sceaux, gare boulevard Saint-Jacques.

Pantin, fête les deux dimanches après la Saint-Germain (31 juillet). — Voitures, rue du Faubourg-Saint-Denis, 63.

Pierrefitte, fête le jour de l'Ascension. — Voitures, rue d'Enghien, 2.

Port-Creteil, à 11 kilomètres de Paris. — Voitures rue du Petit-Musc, 35.

Prés-Saint-Gervais, fête le dimanche après le 19 juin. — Omnibus, ligne N, donnant la correspondance rue de Paris, Belleville.

Puteaux, fête les dimanches de la Pentecôte et de la Trinité. — Voitures, rue du Bouloi, 24, omnibus ligne C. — Chemin de fer de St-Cloud, gare rue St-Lazare, 124.

Robinson. Voitures, rue de Grenelle-Saint-Honoré, 45.

Rueil, à 16 kilomètres de Paris. — Voitures, rue Tirechappe, 7 et 9, rue du Bouloi, 24, et rue d'Enghien, 2. — Chemin de fer de Saint-Germain, gare rue Saint-Lazare, 124.

Sarcelles, fête le dimanche après la Saint-Pierre (29 juin). — Voitures, rue d'Enghien, 2.

Sceaux, à 13 kilomètres de Paris. — Fête le jour de la Saint-Jean et le dimanche suivant. — Voitures, rue Dauphine, 30, dans le passage. — Chemin de fer de Sceaux, gare boulevard Saint-Jacques.

Sèvres, fête le dimanche après la Saint-Jean (24 juin). — Chemin de fer américain, rue du Louvre, 2. — Chemin de fer d'Auteuil, gare rue Saint-Lazare, 124.

Stains, fête le 15 août et le dimanche suivant. — Voitures, rue d'Enghien, 2.

Suresnes, à 10 kilomètres de Paris; 3,000 habitants. —

Fête le Dimanche après la Saint-Louis (25 août). — Voitures, rue du Bouloi, 24. — Chemin de fer de Saint-Cloud, gare rue Saint-Lazare, 124.

Vanves, fête le jour de la Saint-Michel (29 septembre), et le dimanche suivant. — Voitures, rue Tirechappe, 7 et 9.

Verrière, fête le dernier dimanche de juillet. — Chemin de fer de Sceaux, gare boulevard Saint-Jacques.

Versailles, fête le jour de la Saint-Louis et le dimanche suivant.

Le Musée est ouvert au public les mardis, mercredis, jeudis, vendredis, samedis et dimanches, de 10 heures du matin à 4 heures en hiver, et 5 heures en été.

Voitures, rue du Bouloi, 24. — Chemin de fer (*rive droite*), gare rue Saint-Lazare, 124. — (*rive gauche*), gare boulevard du Montparnasse, et le chemin de fer américain, rue du Louvre, 2.

Ville-d'Avray, fête le deuxième dimanche d'août. — Chemin de fer de Saint-Cloud, gare rue Saint-Lazare, 124.

Villejuif, fête le dimanche le plus près de la Saint-Jean (24 juin). — Voitures, rue des Deux-Ecus, 23, et par Vitry, chemin de fer d'Orléans, boulevard de l'Hôpital.

Villeneuve-le-Roi, fête le dimanche après la Saint-Pierre (29 juin).

Villeneuve-Saint-Georges, fête le dimanche après la Saint-Georges (23 avril). — Chemin de fer de Lyon, gare boulevard Mazas.

Villers-le-Bel. Voitures, rue d'Enghien, 2.

Vincennes, à 7 kilomètres de Paris; 8,000 habitants. — Fête le jour de l'Assomption (15 août) et le dimanche suivant. — Omnibus ligne AB. — Voitures, rue Saint-Martin, 300 et 326, impasse de la Planchette, 3, et rue du Bouloi, 22. — Chemin de fer de l'Est, gare place de la Bastille.

Viroflay. Fête le premier dimanche d'août. — Voitures rue du Bouloi, 24. — Chemin de fer américain, rue du Louvre, 2, et chemin de fer de l'Ouest (r. dr.), gare St-Lazare.

Vitry-sur-Seine, fête le dimanche après la Saint-Germain (28 mai), dure deux jours. — Voitures, rue des Deux-Ecus, 23, et gare d'Orléans, boulevard de l'Hôpital.

GUIDE
du Clergé et des Familles

PARTIE
ARTISTIQUE, INDUSTRIELLE & COMMERCIALE

Nous croirions manquer à notre mission, si nous ne complétions pas les documents contenus dans le présent GUIDE, par la recommandation expresse de certaines maisons hors ligne, fournisseurs de l'Épiscopat, des Souverains et du Grand Monde.

Tous les notables Commerçants dont nous allons nous occuper se recommandent, à titres divers, par leur honorabilité séculaire, l'excellence de leurs produits, la supériorité incontestable de leurs procédés, qui leur ont valu les récompenses les plus honorables.

Cette partie de notre GUIDE est d'une utilité pratique que nos lecteurs apprécieront.

LHEUREUX & Cᵉ.

LIBRAIRIE EUROPÉENNE

Dramard-Baudry & Cie

12, RUE BONAPARTE, 12

PARIS

—

Cette Librairie est toute spéciale pour la publication et la vente de livres dans les principales langues de l'Europe. Ses Catalogues contiennent tout ce que la littérature étrangère offre de plus saillant; ils présentent à l'ÉTUDIANT, à l'HOMME DU MONDE et au SAVANT un choix immense et varié de livres *anglais, italiens, espagnols, allemands, portugais* et autres, dont les prix sont établis avec la plus grande modération.

Les **Catalogues** sont envoyés sur demandes par lettres *affranchies* :

Catalogue général de livres élémentaires pour l'étude de l'anglais, de l'italien, de l'espagnol, du portugais, de l'allemand, etc.
Catalogue complet de livres anglais.
Catalogue de la collection des STANDARD BRITISH AUTHORS, 450 vol. in-8°, par ordre alphabétique de noms d'auteurs.
Catalogue de livres pour les enfants, en anglais.
Catalogue de livres italiens.
Catalogue de livres allemands.
Catalogue de livres espagnols et portugais.

Joindre, pour toute demande de 2 fr. et au-dessus, un mandat sur la poste, et pour toutes demandes plus importantes, demander de faire suivre en remboursement.

Librairie Catholique de PÉRISSE Frères
(NOUVELLE MAISON)

RÉGIS RUFFET & Cⁱᵉ, SUCCESSEURS

PARIS	BRUXELLES
38, rue Saint-Sulpice	Place Sainte-Gudule, 4

Publications nouvelles

ŒUVRES CHOISIES DE Mᴳᴿ DUPANLOUP

Évêque d'Orléans, Membre de l'Académie Française.

4 beaux volumes in-8....... 30 fr.

Ornés d'un magnifique Portrait de l'Évêque, gravé par M. Martinet, de l'Institut.

ŒUVRES ORATOIRES DE S. E. LE CARDINAL VILLECOURT
5 beaux volumes in-8....... 30 fr.

Souvenirs de l'ancienne Église d'Afrique, par le R. P. Cahier, de la Compagnie de Jésus. — Un volume in-12.................................... 3 fr. 50

Histoire de l'Église de Rome, par Mgr. Cruice, Évêque de Marseille. — Un magnifique volume in-8, imprimé sur papier glacé.................................... 7 fr.

Physiologie de l'Eglise, ou Études sur les lois constitutives de l'Eglise, par Pilgram. — Un beau volume in-12.................................... 4 fr.

Ravignan (le R. P. de), sa Vie, ses Œuvres, par M. Poujoulat. — Deuxième édition, avec une nouvelle Préface. — Un beau volume in-12.......... 3 fr. 50

Le Monde Nouveau, ou le Monde de Jésus-Christ, Par M. Pradié. — Un beau volume in-8....... 6 fr.

Galerie Chrétienne des Femmes célèbres, par M. Amory de Laugerac, avec une Préface de M. Pitre-Chevalier. — Un magnifique volume in-8....... 6 fr.

IMITATION DE JÉSUS-CHRIST
EXPLIQUÉE VERSET PAR VERSET

Par M. l'abbé Herbet, Chanoine d'Amiens.
2 volumes in-12............ 6 fr.
Le même, édition illustrée, 2 vol. in-8...... 12 fr.

Nouvelle Edition du
COURS DU DROIT CANON
de M. l'Abbé BOUIX, docteur en Théologie

Tractatus de principiis. — 1 vol. in-8.......... 7 fr.
Tractatus de concilio provinciali. — 1 vol. in-8. 7 fr.
Tractatus de capitulis. — 1 vol. in-8........... 7 fr.
Tractatus de jure liturgico. — 1 vol in-8...... 4 f.50
Tractatus de parocho. — 1 vol. in-8.......... 7 fr.
Tractatus de judiciis ecclesiasticis. — 2 v. in-8. 14 fr.

L'ÉVANGILE
MÉDITÉ ET DISTRIBUÉ POUR TOUS LES JOURS DE L'ANNÉE
Par l'abbé Duquesne,
Nouvelle édition. — 4 beaux vol. in-12... 8 fr.

VIE DE N. S. JÉSUS-CHRIST
Avec le texte latin. — Par le P. de Ligny.
Nouvelle édition. — 2 vol. in-8............ 5 fr.
Le même ouvrage, tout français.
2 vol. in-12.............. 2 fr. 60

On trouve dans la même Maison l'assortiment le plus riche et le plus varié de **Paroissiens** Romains et de Paris; de Livres pour **Communion**, pour **Mariages**, en magnifiques Reliures de Luxe.

ORNEMENTS D'ÉGLISES

BRONZE  CHASUBLERIE

ORFÉVRERIE BRODERIE

Ornements Pontificaux

—

SOCIÉTÉ CATHOLIQUE

13, rue Cassette.

—

Mettre à la portée de tous des Ornements dignes, par leur perfection et leur solidité, d'une noble destination ;

Faciliter à l'acheteur examen et comparaison en lui épargnant tous les frais ;

Éviter dans la correspondance et la publicité les expressions vagues ou exagérées qui causent l'erreur des acheteurs ;

Tel est le système scrupuleusement maintenu qui vaut à cet Établissement hors ligne une confiance sans précédents dans le commerce.

ORNEMENTS D'ÉGLISES

SPÉCIALITÉ D'ORNEMENTS PONTIFICAUX

Maison Le Roux et Mont

21, rue de Sèvres.

A la date du 12 mai 1866, nous lisions dans les principaux Journaux Religieux quelques mots qui suffisent à marquer la place d'une Maison.

Nous nous contentons d'emprunter ces quelques lignes au journal *le Monde :*

« Il y a dix ans que, pour la première fois,
« nous avons ouvert nos colonnes à l'appel d'une
« Maison d'**Ornements d'Églises** qui s'annon-
« çait comme voulant ramener cette branche si
« intéressante d'industrie au bon goût et en
« même temps au bon marché relatif dont elle
« était également éloignée.

« L'élan donné depuis au commerce d'objets
« religieux part incontestablement de la Mai-
« son de MM. Le Roux & Mont, 21, *rue*
« *de Sèvres*, et si, depuis, des conditions avan-
« tageuses ont été faites par d'autres maisons
« du même genre, on doit l'honneur de l'ini-
« tiative dans cette voie de loyauté qu'ils ont
« ouverte contre de vieilles spéculations. »

A cet éloge si flatteur, nous pouvons ajouter que cette recommandable Maison ne reste en rien stationnaire, qu'elle continue à servir de modèle à l'imitation plus ou moins mauvaise de nombreux concurrents.

Commission — Exportation

Maison ANGIOLINI et Cie

FONDÉE EN 1812

31, RUE DE SÈVRES, 31
PARIS

Fourniture en général de tous les Objets religieux
nécessaires aux
Chapelles, Églises, Oratoires, Communautés,
Pensionnats, etc.

Éditeur de la Statuette
MATER ADMIRABILIS
En Plastique, 4 grandeurs, modèle artistique

DÉPOT des Images, Statuettes et Médailles
de la nouvelle Association de N.-D. du Sacré-Cœur.

ENFANTS JÉSUS en cire, à mouvements
et à musique.

Spécialité de Crèches de toutes dimensions,
Statuettes de tous genres,
Chapelets, Médailles, Orfévrerie, Bijouterie
& BRONZES D'ÉGLISES.

La Maison se charge de toutes les Expéditions
en France et à l'Étranger.

SOCIÉTÉ SAINT-ÉLOI

Ch. DUPUIS & Cie

66, rue des Saints-Pères, 66

PARIS

ORNEMENTS D'ÉGLISES

& tous Objets relatifs au Culte.

Maison fondée sous de hauts Patronages ecclésiastiques pour offrir une Maison de Confiance au Clergé.

On est prié de demander le Prospectus et le Catalogue de la Maison qui donneront l'idée de son but, de ses prix et des avantages qu'elle peut offrir.

Les noms des Évêques et des principaux Protecteurs ou Clients de la Maison sont à la disposition des personnes qui voudraient prendre des renseignements.

COMMISSION **ERNEST CARRÉ** EXPORTATION

ANCIENNE MAISON CAILLE

31, rue de Sèvres, à Paris

CHASUBLERIE

BRODERIE & LINGERIE D'ÉGLISE

Chasubles unies, brochées, brodées. — Chapes de toutes couleurs, brochées et brodées; Chapes forme romaine. — Ombrellino. — Tuniques ou Dalmatiques. — Dais brochés, brodés, selon le rit romain. — Draps mortuaires anacoste, velours, drap, etc. — Bourses à quêter, Bourses à custode. — Pavillons pour Saint-Ciboire. — Echarpes ou Voiles de bénédiction. — Grand choix de Bannières, Oriflammes, etc.

Ceintures soie, laine, pour Ecclésiastiques; Ceintures, Calottes, Cordons d'aubes pour enfants; Calottes, Rabats, Cordons d'aubes fil.

Grand choix de Lingerie.

Aubes en tulle brodé, guipure, mousseline brodée. — Aubes en toile et batiste unie. — Aubes en mousseline, calicot, pour enfants. — Rochets en toile, batiste, calicot, etc.; Rochets brodés en tulle, etc. — Surplis en batiste. — Soutanes de chantre, anacoste, drap, etc.; Soutanes rouges, noires, pour enfants. — Robes de bedeaux. — Costumes de suisses et de bedeaux. — Nappes d'autel en tulle brodé, guipure, mousseline. — Grand choix de Broderies pour ornements pontificaux.

Mitres, Chapes, Gants, Bas, Tuniselles, etc.
Galons de soie, or mi-fin et fin.
Passementerie soie et or.
Etoffes de Lyon, brochées et unies.

Ancienne Maison LAGUERRE
FONDÉE EN 1840

RICHARD, Artiste Peintre
SUCCESSEUR
Rue de Sèvres, 11 et 13

SPÉCIALITÉ RELIGIEUSE

TABLEAUX D'ÉGLISES
de toutes dimensions

Compositions d'après les Grands Maîtres
ou d'après des Dessins composés et exécutés sur la demande
et sur les indications des clients.

CHEMINS DE CROIX de toutes dimensions
Formes ogivales, cintrées, carrées,
suivant le style des Églises
— Prix de la Collection avec Cadres dorés —

Forme carrée ordinaire.

Toiles	Dimensions	Cadres	Fr.
N° 10	55 c. — 46 c.	5 c. 1/2	380
15	65 — 54	6 1/2	500
25	81 — 65	9 1/2	750
30	93 — 73	9 1/2	950
40	1.00 — 81	10 1/2	1200
60	1.30 — 97	12 «	1700
100	1.60 — 1.30	13 1/2	2300

Dimensions intermédiaires.

MAISON de CONFIANCE
dirigée par un Artiste depuis sa fondation.

Maison E. L. THIBOUST jeune et Cie

56, rue Notre-Dame-des-Champs
PARIS

MÉDAILLE D'ARGENT
du
SOUVERAIN PONTIFE
| MÉDAILLES DIVERSES
aux
EXPOSITIONS

G. DUJARDIN
SUCCESSEUR

PEINTURE ET SCULPTURE RELIGIEUSES

CHEMIN DE LA CROIX
(Voir la vignette ci-contre.)

14 Bas-reliefs, genre Artistique

DÉCOR ET ENCADREMENTS GOTHIQUES ET AUTRES

Métallisation résistant à l'humidité.

(Les mêmes sujets se font à l'huile, sur toile et en Photographie).

PHOTOGRAPHIE RELIGIEUSE

Portraits et Reproductions par Procédés nouveaux

Photographie religieuse de G. Dujardin, 56, rue Notre-Dame-des-Champs, à Paris.

MÉDAILLES
=
1844
Exposition
française

Société
d'encourag[t]
de Londres

1848

Exposition
de l'Industrie
agricole
et manufac-
turière
1849

MÉDAILLES
=
1844
Exposition
française

Société
d'encourag[t]
de Londres

1848

Exposition
de l'Industrie
agricole
et manufac-
turière
1849

12. JESUS MEURT SUR LA CROIX. 12

MAISON COTELLE
43, rue du Four-St-Germain, 43
PARIS

Fabrique d'Objets et de Sujets Religieux
imitant la Sculpture

Chemins de Croix monumentaux de 8 grandeurs différentes
Bas-Reliefs 3/4 ronde-bosse — Encadrements de tous styles
Christs, Vierges, Saints et Saintes
Statues ronde-bosse en NÉO-PLASTIQUE BOIS
Composition garantie contre l'humidité.

De nombreuses récompenses ont été accordées à M. CO-
TELLE pour la beauté, la bonne exécution, la solidité de tous
les objets de Sainteté sortis de sa Maison.—Plus de soixante
Eglises et Chapelles de Paris en sont ornées, ce qui constate
leur supériorité sur tout ce qui s'est fait jusqu'à ce jour. On
peut citer notamment : St-Sulpice, St-Etienne-du-Mont,
Notre-Dame-des-Victoires, Ste-Geneviève, St-Jacques-du-
Haut-Pas, St-Germain-l'Auxerrois, etc., etc., etc.

Nous avons vu dans des Catalogues une erreur que nous
croyons devoir relever, au sujet des Chemins de Croix de
l'église St-Sulpice, qui ne sont sortis que de la Maison Cotelle.

ORNEMENTS D'ÉGLISES
Hubert MÉNAGE
23, rue Saint-Sulpice, 23

Exposition Universelle : — Médaille de Première Classe.

Chasublerie, Broderie, Lingerie

ORNEMENTS SACERDOTAUX CONFECTIONNÉS
Costumes de Chœur, etc.

Sculpture monumentale & Statuaire
en marbre, pierre et bois.

Autels, Retables, Tabernacles, Fonts baptismaux
Tribunes, Stalles, etc., dorés, polychromés.
Statues de Munich de toutes grandeurs et de tous styles
Chemins de Croix, etc.

Dépôt d'ENCENS d'ARABIE de M. Rigault, d'Amiens.

ORNEMENTS D'ÉGLISE

FABRY
RUE CASSETTE, 25, A PARIS

Chasublerie, Broderies
LINGES D'ÉGLISE

ARTICLES pour ECCLÉSIASTIQUES

COMMISSION — EXPORTATION

OBJETS D'ART RELIGIEUX

ANGER (Mlle), Editeur

5, RUE DE BABYLONE, AU 2ᵉ ÉTAGE

PARIS

Exposition universelle de 1855	✝	Exposition générale de Nîmes
MENTION HONORABLE		MÉDAILLE D'ARGENT

MÉDAILLES
DE
Première Communion

DE BAPTÊME & DE CONFIRMATION

Brevetées de SA SAINTETÉ PIE IX

Recommandées par Mgr l'ÉVÊQUE d'ORLÉANS

Dessin et composition du R. P. ARTHUR MARTIN,
de la Compagnie de Jésus

Membre de la Société Impériale des Antiquaires de France
et de plusieurs Comités Archéologiques.

Prix, boîte comprise :

Module de 7 centim., Bronze, 10 fr. — Argent, 60 fr.
Dᵒ de 5 centim.,   dᵒ   5 fr. —   dᵒ   25 fr.

Médailles à bélière, de 2 centim. 1/2, argent : 4 francs.

Gravure des noms et dates : 2 fr. les deux premiers modules ;
1 fr. le troisième.

Imagerie religieuse, Chapelets, Christs, etc., etc.

COMMISSION pour tous les Objets du Culte.

ANGER (Mlle), Éditeur, 5, rue de Babylone, au 2ᵉ étage
PARIS

AU PÉLERINAGE

DE

NOTRE-DAME-DES-VICTOIRES

4, Place des Petits-Pères, 4

(en face de l'Église)

Mlle Bick

MAGASIN D'OBJETS DE PIÉTÉ

LIBRAIRIE RELIGIEUSE

Grand choix de Paroissiens riches & Livres de Mariage

Livres en Langues Étrangères

———

IMAGERIE ET BIJOUTERIE RELIGIEUSE

Grand choix de Cœurs en vermeil et en argent
pour *Ex-Voto*.

———

STATUES DE TOUTES GRANDEURS

en plastique, — carton-pierre bronze, — plastique bronzé

PRINCIPALEMENT DE NOTRE-DAME-DES-VICTOIRES

———

CHRISTS EN IVOIRE, BRONZE ET PLASTIQUE,
CHAPELETS, MÉDAILLES, ETC., ETC., ETC.

Maison Percepied

HÆRING

GENDRE ET SUCCESSEUR

43, Passage Choiseul, — rue Dalayrac, 40
PARIS

LIVRES DE PIÉTÉ

Latins, Français, Espagnols, Italiens, Portugais,
Allemands, Anglais, Polonais.

SPÉCIALITÉ
de Volumes pour Mariage et 1re Communion

Reliures en tous genres pour Paroissiens.

OBJETS DE PIÉTÉ EN TOUS GENRES

Christs et Statuettes en ivoire, en bronze
& en plastique.

Bénitiers, Imagerie, Bijouterie, Médailles,
Bois sculpté.

Grand assortiment de CHAPELETS montés en or et en argent

Livres de Prières

Hauts-Fourneaux et Fonderies de Brousseval
(Haute-Marne)

DESFORGES & FESTUGIÈRE Frères
Maîtres de Forges
4, rue du Grand-Saint-Michel, 4
A PARIS

ORNEMENTS RELIGIEUX
DE TOUTE ESPÈCE
en fonte de fer

Chemins de Croix — Calvaires — Croix de Missions
Croix funéraires
Christs, depuis 8 cent. jusqu'à 2 mèt. de haut.
Statues de Vierges et de Saints
Grilles de Chœurs et de Chapelles — Appuis de Communion
Couronnements de portes religieux et funéraires

Entourages de Tombes

FONTS baptismaux

Appliques religieuses

Lutrins
&c., &c., &c.

—

Sur demande on envoie
FRANCO par la poste
des Gravures
de tous ces objets

6

FABRIQUE
d'Horloges publiques

PIEPLU & SCHUCHBAUER

Horlogers - Mécaniciens

BREVETÉS S. G. D. G.

12, Rue Mandar, 12

ATELIERS DE CONSTRUCTION

287, rue Saint-Jacques, 287

PARIS

HORLOGES

pour Églises, Hôtels de ville, Mairies, Châteaux
Usines, Colléges, Chemins de fer, etc., etc.

Paratonnerres, Girouettes roulant sur galets
Tourniquets-Compteurs
Machines & Instruments de précision

TRAVAUX SUR PLAN

A L'ÉTOILE d'Orient

25, RUE CULTURE-Ste-CATHERINE

PARIS

FABRIQUE D'HORLOGERIE

PENDULES

EN BRONZE

MARBRE

ONYX

ALBATRE

FLAMBEAUX

CANDÉLABRES

STATUETTES

LAMPES

SUSPENSIONS

LUSTRES

FEUX, ETC.

Pendules dorées avec socle et cylindre
depuis **13** francs.

NOTA. — Les Mouvements de Pendules au-dessus de 13 fr. sont garantis sur facture.

La Maison se charge de l'Emballage et des Expéditions

Prix fixe. — Exposition publique

FABRIQUE DE BRONZES

30, Rue Michel-le-Comte, 30

PARIS

MÉDAILLE D'ARGENT — **Mᵐᵉ MACHENAUD** — **MÉDAILLE D'ARGENT**

FABRIQUE d'HORLOGERIE

PENDULES, CANDÉLABRES, LUSTRES, COUPES

—

RÉDUCTIONS DES MAITRES ANTIQUES

—

GARNITURES COMPLÈTES DE CHEMINÉES

 ÉCLAIRAGE MINÉRAL S. G. D. G.

LA LUCILINE

Société à responsabilité limitée. Capital : Un Million

66, rue d'Hauteville, 66
PARIS
—

Huile de Pétrole épurée dans l'Usine de la Société, donnant un liquide ininflammable, EXEMPT DE TOUT DANGER, pur, une flamme blanche, brillante et *sans odeur*.

SÉCURITÉ — ÉCONOMIE

USINE à ROUEN

6.

NOUVEAUTÉS
Aux Deux Magots
77 & 79, rue de Seine — **rue de Buci, 21 & 23**

SOIERIE	FANTAISIE
CHALES, FICHUS	LAINAGES
DENTELLES	TOILES
LINGERIE	BLANC DE COTON
BONNETERIE	ÉTOFFES
GANTERIE	POUR AMEUBLEMENTS
RUBANS	DRAPERIE
MERCERIE	COUVERTURES
CONFECTIONS	INDIENNES
PEIGNOIRS	COTONNADES

DEUIL ET DEMI-DEUIL

LES MAGASINS SONT FERMÉS
LES DIMANCHES ET FÊTES

ENVOI FRANCO

en province, à domicile, au-dessus de 25 francs y compris la Corse, l'Algérie, la Suisse & la Belgique.

N. B. — Nous enverrons des Échantillons et un Recueil Complet de tous nos Articles à toute personne qui en fera la demande.

LAMPES & BRONZES D'ART
Maison NEUBURGER
2 bis et 4, rue Vivienne
Fournisseur de la Marine Impériale

— Lampes marchant 12 heures sans être remontées — Candélabres —

NEUBURGER

Médaille de 1re Classe à l'Exposition Univers.le — Médaille d'Argent de la Société d'Encour.mt

1855

— Pendules — Lustres — Suspensions — Appareils de billards — Garde-feu —

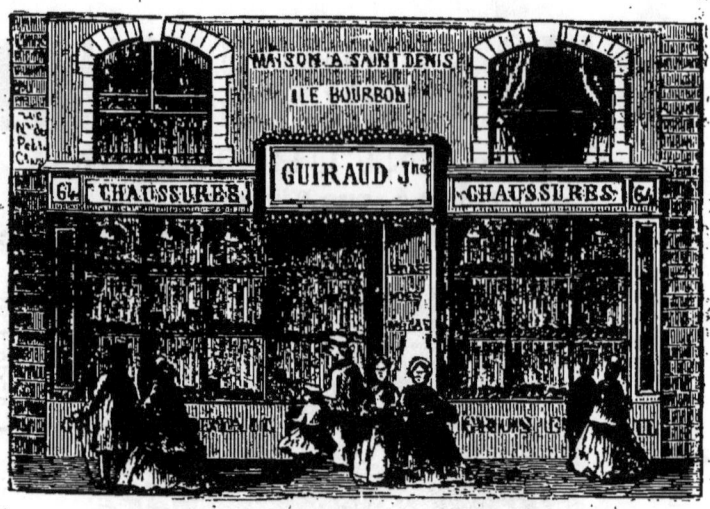

CHANGEMENT DE DOMICILE
POUR CAUSE D'AGRANDISSEMENT

GUIRAUD JEUNE, BOTTIER

Ci-devant Passage des Panoramas

Ancienne Maison BENOIST
64, rue Neuve-des-Petits-Champs, 64

Cette honorable Maison se distingue par un Grand Choix de Chaussures pour

HOMMES, DAMES ET ENFANTS

A une exécution parfaite, comme choix des matières premières et comme confection, la Maison GUIRAUD Jeune a su joindre tout ce qui constitue le Luxe, le Bon Goût et l'Elégance.

SYSTÈME COMPLÈTEMENT NOUVEAU
GARANTISSANT CONTRE L'HUMIDITÉ
Sans altération pour la Santé.

ORFÈVRERIE VEYRAT

MANUFACTURE

31, rue du Château-d'Eau, 31

PARIS

Une des plus anciennes Maisons (1815), réputée pour l'exécution parfaite de ses produits, pour le choix et le bon goût de ses modèles.

Services de Tables complets dans tous les styles ; Couverts, Couteaux, Plats, Candélabres, etc.

Objets d'Art pour prix de Courses, de Régates, de Comices, etc.

ORFÈVRERIE EN ARGENT MASSIF

Argenture électro-chimique
Procédé Ruolz

AU COIN DE RUE

8, rue Montesquieu, 8

& rue des Bons-Enfants, 16, 18, 20 et 22

LES PLUS GRANDS

MAGASINS DE NOUVEAUTÉS

de Paris

et ceux qui vendent réellement
le MEILLEUR MARCHÉ

ENVOIS FRANC DE PORT

pour toute la France, la Suisse et la Belgique
à partir de vingt-cinq francs

EXPÉDITION D'ÉCHANTILLONS
par la Poste, sur demande affranchie

LES GRANDS MAGASINS DU COIN DE RUE

SONT FERMÉS DIMANCHES & FÊTES

Hôtels recommandés

Grand Hôtel, Boulevard des Capucines.
Hôtel du Louvre, rue de Rivoli, près le Louvre.
— **Mirabeau,** rue de la Paix, 8.
— **des Missions Étrangères,** rue du Bac, 125.
— **du Vatican,** rue du Vieux-Colombier, 4.
— **du Bon Lafontaine,** rue de Grenelle-St-Germ., 16.
— **du Grand-Condé,** rue Saint-Sulpice, 2.
Grand Hôtel des Capucines, Boul. des Capucines, 37.
Hôtel des Familles, rue Castiglione, 6.
Grand Hôtel de France et d'Angleterre, rue des Filles-Saint-Thomas, 19.

THEVENOT

Photographe des Missions Étrangères

21, rue Drouot, 21

PARIS

CARTES DE VISITE
(Prix exceptionnel pour MM. les Ecclésiastiques)
6 francs la Douzaine

Reproduction d'objets de Sainteté et Imagerie religieuse
EN PHOTOGRAPHIE

Prévient MM. les Prêtres de province qu'il se charge de leur expédier tout ce qu'ils peuvent avoir besoin en Photographie.

Paris. — Typ. Alcan-Lévy, boul. de Clichy, 62.

www.ingramcontent.com/pod-product-compliance
Lightning Source LLC
Chambersburg PA
CBHW070245100426
42743CB00011B/2133